JN074388

これから伸びる
首都圏のカイシャ
2023

刊行にあたって

わが国経済は、新型コロナウィルスの収束とともに、回復の足取りを着実に強めている。いまだコロナの影響を残しながらも人々は日常の生活を取り戻しつつあり、行動制限のなかった今年のゴールデンウィークは、各地でコロナ前を上回る賑わいを見せた。今後の個人消費の持ち直しとともに、経済活動が一段と活発化していくことになるだろう。ここ数年の委縮マインドを捨て去り、前向きな姿勢に転じている企業も多く、ここ数年の閉塞感に包まれた社会がようやく終わろうとしている。

本書「これから伸びる首都圏のカイシャ 2023」は、そんなコロナ禍にあっても前向きな姿勢でチャレンジを続け、ビジネスを拡大させている企業 46 社の姿をまとめた一冊である。2021 年 3 月発刊の「これから伸びる東京のカイシャ」、同年秋の「これから伸びる首都圏のカイシャ 2021 秋」に続く、シリーズ第三弾の位置づけで、独自の技術や製品で特定分野に秀でたオンリーワン企業や、斬新なアイデアと発想で新たな市場を築いたサービス企業など、いずれも高い成長ポテンシャルを秘めた会社を取材した。

前回までと同様に、高い財務健全性を有することを前提条件に、明確な強みや特長を持ちながら成長性のある企業を対象にしているが、単なる企業紹介本ではなく、その企業が大事にしているモノは何なのか、あるいは何を目的に事業を展開しているのかなど、会社の本質部分、コア要素を客観的な視点で聞き出し、誌面化することに重点を置いた。特筆すべきは、いずれの会社も自社利益の追求のみならず、社会とのかかわりや社員の幸福を大切にしているということだ。

会社は生き物であり、同じ業種であっても、個性や生い立ちも違えば価値観も異なる。特に就職を控えた若い人たちには、各社各様のアグレッシブな取り組みと情熱を感じて欲しい。そして、「共感できるカイシャ」を一社でも発見してもらえたら幸甚である。

2023 年 5 月

日刊工業新聞社
取締役東日本支社長　竹本　祐介

「COCOAR」で動画視聴可能

下記のQRコードを読み込んで「COCOAR」アプリ(無料アプリ)をインストールした後、アプリを起動し、画像にかざしてスキャンすると関連動画がご覧いただけます。
●有効期限:掲載日より2年間

《注意事項》
環境により反応まで時間がかかる場合があります。アプリは無料ですが、パケット通信料(利用者負担)がかかりますので、Wi-Fiのご利用をお勧めします。通信状況、OSのバージョン、カメラの性能、かざす際の光の反射の影響などにより作動しない場合がございます。

CONTENTS

モノづくり

IT・ソリューション

医療・医薬・化学

商社・サービス

建設・建材・住設

環境・社会インフラ

株式会社アタゴ

糖度計などの計測器で断トツのニッチトップメーカー
――自社完結のモノづくり哲学とグローバル需要開拓をテコに成長

社員の学びと成長に向き合う揺らぎのない会社方針
国内中小メーカーでトップクラスの高収益＆財務体質

屈折計メーカーの株式会社アタゴは、驚きに満ちた会社である。

まずは工場が美しい。グッドデザイン賞を受賞した斬新な建屋の話ではない。徹底した2S（整理・整頓）活動を通じて、工場内のあらゆる機材、治具、道具、ワークらが定置に収まり、直角&面一（つらいち）が随所に見られる。誰もが心地よいと感じるこの光景をアタゴは〝整頓美〟と呼ぶ。プロフェッショナルとして究極の品質を作り出そうというアタゴの決意を表す。

次に会議がやたらにあること。一般的な予定調和の会議ではない。会社の弱点を洗い出す「アキレス腱会議」、各部署の面倒で非効率な業務等を洗い出す「ムダ自慢会議」、会社全体を俯瞰し組織連携を呼び込む「鳥瞰会議」、20代前半を主とするリーダー社員が社長と膝を突き合わす「リーダー会議」など。どれもが社員主役であり、社員が会社をつくるというアタゴの行動様式を表す。

そして執拗なまでの内製化の取り組み。外注費削減による目先の利益追求が目的ではない。かつては電気回路系の基板実装、数年前から金型を完全内製化し、現在は屈折計に用いるプリズム材料のサファイヤをゼロから創る人工サファイヤに挑戦中。電気技術、機械加工技術、材料技術など幅広い技術を網羅し、すべてを自社完結させることが持続可能なモノづくりにつながるというアタゴの哲学を表す。

埼玉県深谷市の製造拠点から荒川河川を一望

国内80%、海外30%の高シェア

アタゴは、光の屈折現象を利用して液体中に溶けているさまざまな成分の濃度を測定する屈折計で、国内80%、海外30%のシェアを持つ断トツのニッチトップ企業。屈折計をベースに、果物や野菜の甘さを測る糖度計のほか、濃度計、塩分計、粘度計、旋光計、酸度計、pH計など多様な製品をラインナップし、食品業界だけでなく化粧品、製薬、自動車業界などの様々な製造工程で使用されて

第2工場竣工式
深谷市長を来賓に海外支社代表を迎えての集合写真

本社営業部門は多様な強みを持つメンバーが支援する

製品の組み立てを行う部門は相談しやすい環境づくりに取り組んでいる

完成品の最終チェックを行う品質保証スタッフ

いる。最近もクーラント濃度を常時監視できる濃度モニターや、スープ濃度と塩分を一度に測れる「ラーメンマイスターセット」など、顧客視点の新製品を次々に投入している。

ニッチ市場ながら、圧倒的なプレゼンスを打ち立てられた最大の要因は、いち早く海外市場を開拓してきたことと、長年の歴史に基づく技術開発力。これまで業界初となる数々の製品を商品化してきたが、2002年に世界最小の「ポケット糖度計PAL」を自社開発したのを機に、国内外のシェアを一段と拡大。現在は世界154カ国のグローバル販売網を構築し、海外売上比率は63%に達する。営業と技術が一体となった高収益体質は、営業利益率30%、自己資本比率93.1%という驚異の財務基盤を作り出し、米格付け会社S&P社から最高位の「aaa」を11回連続で付与されているというから、これも驚きだ。

学べる仕掛けが目白押し

「当社は成長したい人の集団。学ぶことに対して会社のサポートがすごいある」と、誇らしげに語るのは雨宮秀行社長。国内180名、海外100名の所帯だから、「教わることもできるし、設備もいろいろあるので何でも自作できる」とか。なかでも年5枚配布される「向学チケット」は、1時間自由に勉強したり他部署で研修したりできるユニークな取り組みで、治具作りコンテストなど実践を通じて学べる仕掛けが目白押し。こうした社員の成長がアタゴの原動力にもなっている。

社員相互の顔が見える中所帯の利点で社内コミュニケーションは良好で、女性比率が約半分を占め、「若手の意見が具現化されやすい」(雨宮社長)と言う。一方で、ベテランの技術者も多数活躍しており、特に優れた技能を持つ社員は、マイスターとして認定され、定年を気にせず自分の意志でいつまでも働ける。

今後は、「アジアを中心とする海外需要の掘り起こしが欠かせない」と言う雨宮社長。この春には、1億6,000万円の最高スペックのマシニングセンタを導入、これを起爆剤に社内のDX推進を本格化させる方針にある。これからどのような驚きが生まれるか、成長し続けるアタゴから目が離せない。

|わ|が|社|を|語|る|

代表取締役社長
雨宮 秀行氏

当社のブランドは社員

当社は常に新しい技術に挑戦し、新製品開発とグローバルな展開を続ける会社です。徹底した2Sで、廃棄ゼロの世界一きれいな工場を目指すとともに、飽くなきカイゼンを通じて究極の品と質を提供し続けています。現在、男女の比率がほぼ同等となりました。また役職者の平均年齢は32.9歳と、ミドルが活躍しています。男女を問わず、若い力とベテランがチームとなって会社を牽引する、そんなバランスの取れた会社と言えるでしょう。当社には自分を育てる環境があります。例えば、モノづくりが好きな人ならば、さまざまな機械設備やCADに至るまで、何でも学べる素地があります。社員がお互いに尊敬し合いながら、何事からも気づきを得て 常に「より良い自分」を目指す社員たち。まさにこれら社員が、当社のブランドと言えるのです。

会社 DATA

所在地:東京都港区芝公園2丁目6番3号芝公園フロントタワー23階
創業:1940(昭和15)年9月
代表者:雨宮 秀行
資本金:1億円
従業員数:国内:190名 海外:100名 (2023年4月時点)
事業内容:科学機器の開発製造販売輸出並びに修理校正
URL:https://www.atago.net/japanese/new/index.php

左記のQRコードを読み込んで「COCOAR」アプリ(無料アプリ)をインストールした後、アプリを起動し、画像にかざしてスキャンすると関連動画がご覧いただけます。
●有効期限:2023年6月1日より2年間

アプライド マテリアルズ ジャパン株式会社

世界最大の半導体・ディスプレイ製造装置メーカー
——世界中のほぼ全ての半導体チップや先進ディスプレイの製造に寄与

ここに注目！
業界で最も幅広い製品群を活かした工程組み合わせのソリューション
積極的な研究開発投資による半導体イノベーションのリード役

米国アプライド マテリアルズは、創業から半世紀を超す世界最大の半導体・ディスプレイ製造装置メーカー。売上高257.9億ドル、世界24カ国で約33,000人の社員が勤務する半導体製造装置の巨人である。数多くのプロセスを経て完成品となる半導体製造工程は、電子回路をウェハー表面に形成する前工程と、回路が形成されたウェハーを半導体チップに切り出す後工程に大別されるが、「当社は前工程のほぼすべてのプロセスをカバーしていることが大きい」と語るのは、アプライド マテリアルズ ジャパン株式会社の中尾均社長。業界で最も幅広い製品群を持つ強みを活かし、工程を組み合わせてプロセス全体を最適化できる統合ソリューションを実現している。中尾社長は、「他社には真似できない多様なソリューションを提供できる」と強調する。

注目されるICAPSにもフォーカス

そして、28億ドルに及ぶ研究開発投資（2022年度）と、約17,300件の特許件数が示す技術力。微細化技術に留まらず、これまでも材料、プロセス、装置など様々な分野で半導体イノベーションをリードしてきた。最近は社会全般のスマート化に伴い、ICAPS（IoT、Communication（通信）、Auto（自動車）、Power（パワー）、Sensor（センサ）の頭文字）領域が注目を集めている。同社ではメモリ（記憶素子）や電子機器の頭脳となるロジック（論理素子）半導体に加えて、ICAPS市場を対象とした特定用途向け半導体に注目し、それに向けた組織作りをするなど早くから対応してきた。中尾社長は、「日本にはパワー半導体や車載向け半導体、イメージセンサなどの製品が多く存在する。ICAPS市場に向けて、我々日本拠点の役割は今まで以上に大きくなる」と説明する。

そのアプライド マテリアルズ ジャパンは、1979年にアプライド初の海外現地法人として設立され、現在アプライドの収益の柱となっているサービスビジネスのビジネスモデルを作った。装置の納入後も顧客の工場に常駐して保守・メンテナンスを行うサービス契約ビジネスだ。日本各地に構える事業所は、半導体やディスプレイメーカーの工場近くに立地している。

一方、アプライド マテリアルズは、世界中のほぼ全ての半導体チップや先進ディスプレイの製造に寄与しており、この構図は日本においても当てはまる。だが、

多様性は、より強く、活力に満ちたチームを作る

安心して働ける充実した福利厚生が揃っている

アプライド マテリアルズは最も広範で包括的な製品ラインアップを揃えている

カスタマーエンジニアは、装置の設置や、メンテナンス・アップグレードを通して世界トップレベルのサポートを提供

「単に装置を販売するのが我々の仕事ではない。いかにコストを抑え、短時間で、最適な半導体を世に送り出すことができるのかを顧客とともに考えて材料、プロセスを提案し、工場全体のアウトプットを最大化していく。このようなソリューションの提供は、当社の強みである」（中尾社長）と言う。装置の販売、メンテナンスだけでなく、顧客の生産性向上に寄与できるところに、同社ならではの仕事の醍醐味があるようだ。

チームでゴールを目指す

日本の社員数は、現在約1,400人。ここ数年は採用を積極的に行っている。世界各地に拠点を持つグローバルカンパニーなだけに、多様性を重視しており、日本にも様々なバックグラウンドを持つ社員が集まる。業務に携わるうえで英語が必須としつつも、「中身のない上手な英語より、下手な英語でも中身のあるコミュニケーションが大事」（中尾社長）とか。英語研修だけでなく、世界共通の豊富な社内研修プログラムが、職種に応じて用意されている。社員の成長を支える態勢は万全だ。

さらにゴールに対する意識が高いことも特徴の一つ。コロナ以前に整備されたリモートインフラを活用し、国内外の多様な社員が時差のカベを超えてチームでゴールを目指す社風は、日本企業にはあまり見られない。アプライドの米国本社をはじめ海外で働く機会があり、若い人が十二分に活躍できる素地があると言えるだろう。一つ課題があるとすれば、「他国に比べ女性エンジニアが少ないということくらい」（中尾社長）らしい。

IoTやAIの普及により、さらなる需要拡大が確実視される半導体市場。装置メーカーにとっても、新たな時代の幕開けとなる。業界ナンバーワンのアプライド マテリアルズは、今後もイノベーションを通じてよりよい未来を可能にする存在であり続ける。

|わ|が|社|を|語|る|

代表取締役社長
中尾　均氏

最先端の技術と多様性に満ちた舞台

半導体は今や特定の用途だけではなく、私たちの生活になくてはならないものだということが、広く知られるようになりました。最先端の半導体だけではなく、自動車の自動運転技術などAI、IoT時代の進展に伴い、あらゆる種類の半導体の重要性と用途が一段と拡大しています。そして日本には高い技術力を持つ半導体やディスプレイメーカーが数多く存在します。アプライド マテリアルズ ジャパンは、これら企業の声を聞き、開発の早い段階から協力して最先端の製品やプロセスづくりに貢献し、生産性を上げる仕組みを作り続けている会社です。活躍の舞台は、最先端の技術と多様性に満ちたグローバルな世界です。若い人でも様々な知見と経験を積みながら、成長できる環境が用意されています。

会社 DATA

所在地：東京都港区海岸3-20-20　ヨコソーレインボータワー8階
創立：1979（昭和54）年10月1日
代表者：中尾　均
資本金：59億5,000万円
従業員数：1,379名（2022年10月末現在）
事業内容：半導体・ディスプレイ製造装置と関連周辺機器、ソフトウェアの販売・保守・サービス
URL：https://www.appliedmaterials.com/jp/ja.html

株式会社アンテックス

油圧ショベル用旋回ベアリングで国内70％超、世界40％超のシェア
――鋼材切断、鍛造から加工、組み立てまで一貫生産、人を大事にする社風で女性も活躍

ここに注目！
建設機械向けから工場設備、風力発電、遊技施設、医療機器へ展開
高萩工場（茨城県）の鍛造設備更新に40億円を投資、生産能力3割増へ

建設現場や土木工事の掘削や積み込み作業などに使われる建設機械は、世界中で数多く使われ、安全・安心で豊かな社会に貢献している。その建設機械のブーム・アームの旋回部分に使われているのがアンテックスの旋回ベアリングだ。直径50㎝～4.5mの中・大型旋回ベアリングを、材料切断から鍛造、熱処理、歯切り、高周波焼き入れ、取り付け穴加工、軌道面仕上げ加工、組み立てに至るすべての工程を自社で行う一貫生産体制を構築している。日本でこのように一貫生産しているメーカーはなく、油圧ショベル用旋回ベアリングでは国内で70％超、世界でも40％超の市場シェアを誇る。近年では建設機械向けだけではなく、工場設備、風力発電、アミューズメント施設、繊維機械、医療機器などに需要が拡大し、経営の安定化を図っている。

創業100年を超す老舗企業、建機以外の売り上げを拡大し海外での現地供給も検討

そんなアンテックスの創業は1917年（大正6年）だから、100年を超す老舗企業だ。安藤洋平社長は4代目に当たる。「大学を卒業後、お客様の会社で10年働き、30代前半でアンテックスに入った」（安藤社長）。もともと鍛工品メーカーだった同社は1965年に、プレス機と複数台のロールを用いた回転鍛造方法で鋼材からリング品を製造するリングローリングミルの開発によってリング品製造へ事業を拡大した。80年には工場を東京都大田区から現在の茨城県高萩市に移転、89年に旋回ベアリングの本格生産を開始した。

安藤社長は、主力需要先の建設機械市場について「発展途上国向けもあるし、街の開発・メンテナンス、資源開発などを背景に今後も成長し続けるだろう」と分析する。それでも、リスク分散の見地から「建機以外のお客様の売上比率を6～7年前の5％から10％まで引き上げ、将来的には建機以外を20％にしたい」と市場拡大に意欲をみせる。

もう一つの課題は、海外における現地供給だ。「建機は売り先の約8割が海外。お客様とのコミュニケーションを考えると、海外での現地供給を検討しなければならない」。現在の海外拠点は中国の上海市にあるので、その他地域への展開を図る。

アンテックスは現在、高萩工場の鍛造工程の設備老朽化に伴い、建屋、設備の更新を計画している。約40億円を投資し、2024年の年明けには動き出す予定だ。安藤社長は「装置産業なので、更新する必要が生じてくる。これに

大型の旋回ベアリングを背に、活躍する女性社員

1950年代のクレーン用フック製作風景

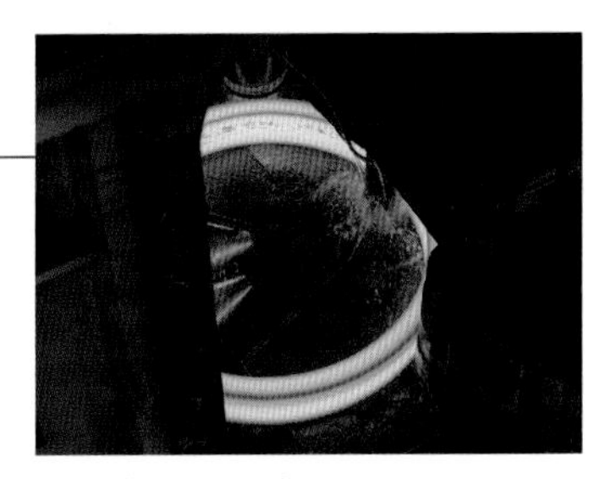
リングローリング鍛造

高萩地区のアンテックス全工場（中央が高萩工場）

社内公募によるマスコットキャラクター「ベアリン君」

より、リングを含む供給能力は従来比で3割増しになる。高萩工場の鍛造工程1ラインの老朽化にも備えられる」と、生産面での対応を万全にする構えだ。

企業理念は「人を大事に」。女性や高齢者が活躍、ベトナムからの技能実習生も

アンテックスの企業理念は「社内でも社外でも、人を大事にすること」（安藤社長）。社員教育では、工場の中に旋盤等の機械加工技術を習得するための研修エリアが設けられており、入社後の研修はもちろん、必要に応じて活用している。職種柄、男女比率は圧倒的に男性が多いものの「自動化や工場の暑さ対策に継続的に取り組み、働きやすい環境をつくり続けることに加え、女性の採用を積極化したことで女性社員は40人を超えている」と言う。現在では間接部門に女性の管理職が2人、役付社員が4人誕生している。安藤社長は、女性はもちろん高齢者も増やしていく方針だ。

育児休業制度は「基本はお子さんが1歳になるまでの対応だが、復職後も短時間勤務等により育児をサポートしている」。男性社員の育休取得も制度上可能だが、これまでのところ男性社員の利用者がいないことについて安藤社長は「高萩では親と同居しているか、近くに住んでいるケースが多いからではないか」と苦笑する。23年4月の新卒採用は男性6人に対し、女性が5人。人を大事にする社風が、女性社員を着実に増やしている。

同社では現在、ベトナム人労働者が約40人在籍している。「技能実習生のほか、特定技能による在留資格を取得した方が増えている」。特定技能による在留資格を取得すれば、給与は日本人と同じ水準になる。ここにも人を大事にする社風が表れている。ベトナムからの技能実習生は、東南アジアにおける海外ビジネスで戦力になる可能性を秘めている。

安藤社長は「お客様の要望には可能な限りお応えしてきた。これからも、それに尽きる」と話す。そのための組織と人づくりは着々と進んでいる。

|わ|が|社|を|語|る|

代表取締役社長
安藤 洋平氏

広範囲な仕事をやれる会社で共に働こう

建設機械業界のお客様と長いお付き合いがある会社ですが、これから新しい分野のお客様をどんどん増やそうとしています。これまでの考えにとらわれることなく、国籍も性別も関係なく世界に羽ばたかないといけません。縦横無尽に繋がりを発信して、世の中に必要な企業になるために、共に働く仲間を増やしていきたいと考えています。

技術を開発して、モノを製造し、それを管理して世界に売っていきます。海外でモノをつくることもあります。広範囲な仕事をやれる会社です。国内で旋回ベアリングを一貫生産しているメーカーは他になく、強みを有しています。その強みをバネに、アンテックスで思う存分、力を発揮してください。期待しています。

会社 DATA

所在地：東京都港区高輪2－15－19　高輪明光ビル4階
創業：1917（大正6）年8月2日
代表者：安藤　洋平
資本金：5,000万円
売上高：113億1,300万円（2022年9月期）
従業員数：302名（2023年4月時点）
事業内容：旋回ベアリング、リング鍛造品、溶接構造歯車の設計・製造・販売
URL：https://www.antex.co.jp/

◢株式会社朝日ラバー

ゴムの可能性を追求し新製品＆新技術を創り出す研究開発型企業
――社内外の技術を融合した新製品開発で、持続可能で豊かな社会に貢献

ここに注目！
色と光のコントロール技術、表面改質およびマイクロ加工技術、素材変性技術の３つのコア技術
Well-being を重視した誰もが楽しく働ける会社づくり

国内ゴム産業はタイヤのように大きな製品から、小さく目立たないものの、力を加えても元に戻るゴムの特徴を生かし、社会全般の様々な製品に用いられ、我々の便利で豊かな生活を支えている。株式会社朝日ラバーは、この２割の分野で社会ニーズに着目した研究開発を進め、ゴムを通じて多様な価値を次々に創り出している企業である。

例えば、同社の主力製品の一つである蛍光キャップ付きLED。青色LEDに、蛍光体を配合したキャップを被せることで多彩な色度を創り出す。その数は何と１万色超。「ASA COLOR LED」の製品名で、特に自動車のインパネ周りやメーター照明など、質感のあるインテリアを実現するツールとして採用されている。あるいは薬剤が充填された注射器に使用されるガスケット。独自の表面改質技術を用いて摺動を低減し、液の流れが脈動せず安定した投薬が可能になる。さらにはFPC（フレキシブルプリント配線板）フィルムとシリコーンゴムを、独自の接合技術で複合した伸縮配線。切り紙構造のゴムと配線を一体化することで、柔らかく立体にもなる配線を実現。人体センシングやウェアラブル端末への応用も可能だ。

ただ者ではない会社

ほかにも、チップやアンテナをゴム素材で覆った通信タグ、ゴムならではの柔軟性を持った熱電モジュール、接着剤を使わずに素材を貼り合わせる技術など、自動車、通信、医療・ライフサイエンスといった分野で、世の中にはなかった驚きの機能や性質を持つ製品を続々と世に送り出している。一般的な工業ゴム製造会社には到底不可能と思える数々の新製品開発は、朝日ラバーがただ者ではない会社であることの裏返し。渡邉陽一郎社長は、「当社だけの力ではない。多くは企業や大学をはじめとするパートナーとの共創によって具現化されている」と説明、研究機関や大学との産学官連携や、企業との協業を積極化してきた成果を強調する。

福島県に４つの工場を構える一方で、創業以来研究開発に力を入

さいたま市の本社社屋

工場に太陽光パネルを設置し再エネを利用

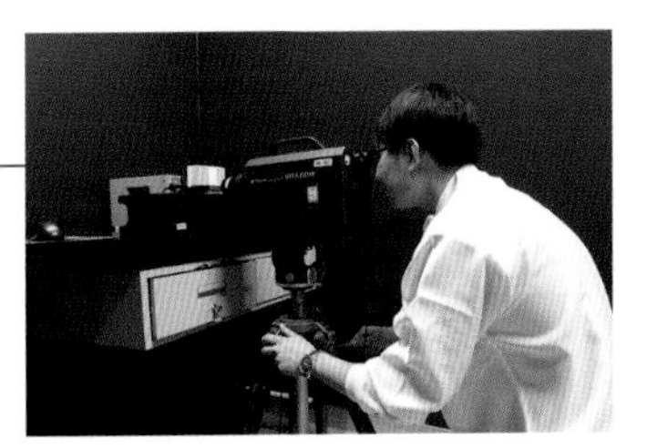
測定器を使い色合わせを行う

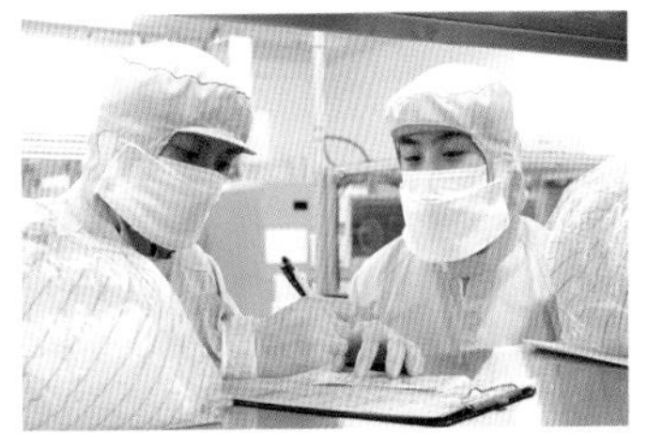
若手社員が多数活躍

地域の小学生の工場見学を受入

れてきた。大学の研究室で社員を学ばせるケースもあり、現に渡邉社長を含む7人が博士号取得者だ。1987年には研究開発部門を子会社（現：朝日FR研究所）として独立させ、「例えば朝日FR研究所の所員が何らかの研究成果を得たならば、今度は朝日ラバーの社員としてみずから事業化を目指す。もちろんその逆もある」（渡邉社長）として、研究成果をいち早く事業化させる社内態勢を築いている。こうして生まれたのが、「色と光のコントロール技術」「表面改質及びマイクロ加工技術」「素材変性技術」の3つのコア技術。これらを応用して、「制御と感性」をキーワードに、新たな製品や市場を創造し、持続可能で豊かな社会に貢献するのが朝日ラバーという企業の本質だ。

「弾性無限への挑戦」。創業者が掲げた言葉だ。高弾性物質のゴムの物理的特徴を生かせば、世の中にない製品＆技術を開発できる無限の可能性があることを示す。その言葉通り、2050年を見据えた同社の重点戦略は、環境エネルギー、社会インフラ、医療・ライフサイエンス、通信・ITロボットと、今後成長が見込まれる分野で事業価値を高め、グローバルに貢献する技術会社を目指す姿勢を明確にしている。

〝工場のテーマパーク化〟を画策

「そのためにも人づくりが欠かせない」（渡邉社長）。これまで大学の研究室を通じて理系人材を確保しているが、「新しい技術を第一線の人たちと開発し、掘り下げた研究に携われる実に面白い会社」として、若い力の参加を呼び掛ける。一方で、特に重視しているのが、心身と社会的な健康を意味する「Well-being（ウェルビーイング）」。会社全額負担のがん検診の実施や、地元開業医と提携した心身不調の相談窓口を設置。社員の健康をサポートするとともに、育児と仕事をはじめとする働き方改革を積極化し、毎朝行きたくなる会社づくりを進めている。

「社員の働きぶりは凄い。だからこそ楽しく、働き甲斐のある会社にしたい。社員の子供世代が、再び当社で働いてもらえるような無限のループが夢」と語る渡邉社長はいま、〝工場のテーマパーク化〟を画策中。研究者らしからぬしなやか発想で、人と会社のWell-beingを高めていく。

|わ|が|社|を|語|る|

代表取締役社長
渡邉 陽一郎氏

研究成果をモノにしていく醍醐味

当社は、多くの自動車メーカーに採用されている「ASA COLOR LED」をはじめ、自動車、医療、ライフサイエンス、通信などの分野で、数多くの新製品や新技術を生み出している開発型の企業です。企業や大学との共同研究を基本にするため、各分野の先端技術に触れることができ、第一線に従事する人々との出会いも魅力の一つで、研究から実際のモノにしていくプロセスは実に面白いものがあります。研究を重ねるなかで、自身の専門知識を高めることも可能で、博士号取得の道も開かれています。様々な課題が山積する世の中で、ゴムの可能性を極め、より良い社会と人々の豊かな生活に貢献するのが当社の使命です。ぜひ当社において社会に役立つ研究開発の醍醐味を味わってください。

会社 DATA

所在地：埼玉県さいたま市大宮区土手町二丁目7番2
創業：1970（昭和45）年5月
設立：1976（昭和51）年6月
代表者：渡邉 陽一郎
資本金：5億1,687万円（東証スタンダード上場）
従業員数：315名（2022年3月末現在）
事業内容：工業用ゴム製品の製造・販売
URL：https://www.asahi-rubber.co.jp

梅田工業株式会社

最新の設備と技術で、魅せる製品創りを実現

――月平均35,000点、高品質、短納期で多様なニーズに応える精密板金加工メーカー

ここに注目！

大手半導体製造装置メーカーを主要顧客にする底堅い事業基盤
社員が笑顔で働ける環境づくりへの取り組み

梅田工業株式会社は、試作品などの単品から量産品まで、ステンレス、アルミ、鉄を素材に、精密板金加工機械を駆使して、月平均5,000件－約35,000点の品を加工する精密板金加工メーカー。設備投資を毎年行い、多種多様な金属製品を作り出す。現在は、半導体製造装置の機構部品や計測機器関連部品のほか、最近は食品加工装置関連の仕事も開拓しているが、国内の大手半導体装置メーカーとの直接取引が約8割を占める。「当たり前のことを当たり前にやり遂げる。品質と納期をしっかり守る事、基本の基を守る事で、お客様に価値を提供する。特段、変わったことはしていない」と、答えるのは三代目社長の梅田英鑑氏。大手半導体装置メーカーを主要顧客とし、成長を続ける同社に奇手妙手はない。やるべきことを愚直に遂行する日々の蓄積で、顧客の信頼を確保し成長を遂げてきた。

板金加工特化の事業戦略

ところが、当たり前を当たり前にやることが難しい。梅田工業が、これを実践してこられた背景には、いくつかの要因がある。まずは事業を板金加工に特化したこと。戦後まもなくモーター変圧器の設計・製作で創業した同社は、昭和30年代からプレス部品と金型製作を手掛け、長く板金加工との両面で事業を展開してきたが、2013年にインドネシアのプレス子会社を売却したのを機に、梅田工業も社内リソースを精密板金加工に集中させ、業務推進態勢を強化してきた。インドネシアでも新たに板金加工の現地会社を設立しており、事業領域を絞り込んで新たな成長を目指す姿勢が明確だ。

第二は、最新鋭の豊富な設備を駆使した技術力と、効率的な生産を可能にする独自の生産管理システム。月平均35,000点に及ぶ大量の注文をこなし、ときには短納期、ときには難加工などの多様な要望に応えてきた。なかでも約20年前に原型を自社開発した独自の生産管理システムは、これまでブラッシュアップを重ねながら、受注から仕入れ、設計、プログラミング、加工、納品までを見える化し、無駄のない同社の高効率な多品種少量生産を支えてきた。「今後はプログラミングデータなど、様々な情報を社内全体で共有化できるよう、一段上のシステム改革に取り組んで行く」（梅田社長）として、業務のデジタル化を推進していく方針だ。

そして第三は、働く社員の活力だ。「社員が笑顔で働ける環境をつくりたい」と言う梅田社長は、「〝魅せる〟製品創り」を経営理念に掲げ、魅力を感じてもらえる製品を通じて、顧客に喜びを与え、社会に貢献しようと呼び掛けた。梅田工業の魅力の本質は品質、納

笑顔で働ける会社への取組事例⇒健康経営有料法人（ブライト 500）など各種認定資格

2023年4月、社員投票で決定したユニフォームを着用して撮影。ベテランから新人への技術伝承を行っている

工場内全景－各工程で、毎日、環境整備活動を行っている

絵画とともに…微細加工レーザー加工機にてt＝0.3mmの板厚から切り出した蝶。触覚や羽の模様部も細かく再現し、事務所の入口に飾られている

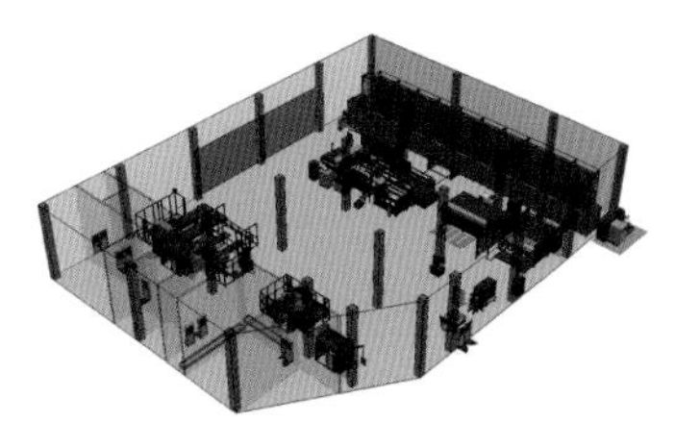
2024年5月隣地に完成予定の新工場イメージ図。非稼働時間の生産量を上げ、さらなる生産性の向上を目指す

期、顧客目線の高付加価値。日々の当たり前を大事にすることの意味を社員に紐解き、会社の思いを共有してもらえる素地を築いた。一方で、社員の意見も反映する。年次有給休暇の拡大（2023年より）や残業時間の圧縮に始まり、埼玉県の「多様な働き方実践企業」、「シニア活躍推進宣言」、経済産業省の「健康経営優良法人ブライト500」の認定取得など、社員にとって働きやすい職場づくりを積極化。最近新調したユニフォームも、「社内アンケートで社員みんなに選んでもらった」（同）と笑顔を見せる。

24時間稼働が可能な新工場を建設

2024年夏には、隣接地に総投資約7億円の新工場を稼働させる。半導体製造装置関連の中長期の需要と、新分野の受注拡大を狙った将来への布石だ。24時間稼働できる自動化設備を導入して人の負担を減らすとともに、様々な加工ニーズに対応していく。さらに「新工場にはもう一つの意味がある」と、梅田社長が打ち明けるのが、現本社兼工場のリニューアル。新工場稼働とともに、築35年の現在の建屋を魅力あるオフィスに変えていく。「どんなオフィスが誕生するのか、楽しみにしている」そうだが、デザインには社員のアイデアを盛り込む方針だ。

最近は、新卒採用に力を入れ、20代の社員が増えている。ここ数年で新卒者10名以上を採用した。梅田社長は、「モノや社会が急速に変化している。若い人の感性、知識に耳を傾け、彼らの潜在能力を発揮できるようするのが、私の役割」ときっぱり。40代半ばにして、社長みずから「オールドマン」と言えるところに、梅田工業のさらなる可能性が秘められている。

|わ|が|社|を|語|る|

代表取締役社長
梅田 英鑑氏

社員が充足感を持って働ける会社

当社は、「【魅せる】製品創り　社業を通じて社会に貢献する」を経営理念に、半導体製造装置用の構成部品をはじめ、多種多様な製品、部品の精密板金加工を手掛けています。最新鋭の設備と無駄のない効率的な生産で、様々な要望に迅速に対応できるのが、当社の強みです。2024年には新工場を立ち上げ、将来の発展に向けて準備を進めつつ、ITを用いた業務のデジタル化を推進していますが、最も重視しているのは、社員が笑顔で働ける環境づくりです。社員一人ひとりが充足感を持って働ける会社。そんな会社が将来にわたって永続し、社員に幸福をもたらすと考えます。今後もモノづくりの新たな魅力を創造し、社員とともに会社の成長を目指していきます。

会社 DATA

所在地：埼玉県行田市持田2662番地
設立：1957（昭和32）年7月
代表者：梅田 英鑑
資本金：5,000万円
従業員数：79名（2023年5月1日現在）
事業内容：・半導体製造装置、スイッチング式電源、計測器等機構部品製造
・精密板金・機械加工
・コンピュータシステム開発
URL：https://umedakk.co.jp

左記のQRコードを読み込んで「COCOAR」アプリ（無料アプリ）をインストールした後、アプリを起動し、画像にかざしてスキャンすると関連動画がご覧いただけます。
●有効期限：2023年6月1日より2年間

株式会社エヌエフホールディングス

計測・制御技術で未来を拓き、新しい価値を創造する研究開発型企業
——1950年代に誕生した大学発ベンチャーのパイオニア

ここに注目！

ネガティブ・フィードバック制御技術で宇宙開発や量子コンピュータの実用化に貢献
アジャイルに変革していく会社として、最先端のテクノロジーをキャッチアップ

株式会社エヌエフホールディングスはエヌエフグループ傘下の8社を統括する持株会社だ。しかし、単なる持株会社ではない。社内に、基礎技術研究センターや共同開発センターを置くなど、グループの新規事業を創出する研究開発会社としての機能も果たしている。同社は1959年4月に東京工業大学の助教授が設立した大学発ベンチャーの草分け的な存在だ。

社名「エヌエフ」の由来となったのは「ネガティブ・フィードバック Negative Feedback」制御技術。出力の低減や変動に対して精密で安定した制御を実現できるキーテクノロジーだ。アナログ世界には不可欠な技術だが、最先端技術も支えている。「はやぶさ」「はやぶさ2」の高信頼小型電源の実現や、最先端の量子コンピュータでのノイズ除去と微小信号の増幅、再生可能エネルギーで発電した電力を制御し、低ひずみで安定した電力をグリッド（系統）へ供給するといった課題を解決した。ナノボルトレベルの微小信号から100kVA（キロボルトアンペア）を超える大電力をコントロールする技術まで、幅広い領域をカバーする社会に不可欠な技術なのだ。

アナログ技術とデジタル技術を融合した最先端の製品づくり

アナログ技術とデジタル技術を融合させたユニークな製品はユーザーから高い評価を得ている。世界トップレベルの性能を実現する「低雑音増幅器」をはじめ、先端研究を支える「ロックインアンプ」、国産第一号の開発から進化を続ける「ファンクションジェネレータ」、研究開発から生産まで最適な電源環境を提供する「交流電源」、10,000A（アンペア）を超える大電流に対応する「直流電源」、電力業界ではデファクトスタンダードとなっている電源供給網を見守る「保護リレー試験器」など、世界の研究開発や産業を支える製品が揃う。

同社の転機となったのは2008年のリーマン・ショック。受注は激減し、創業以来の成長戦略に大きな壁が立ちはだかった。そこで同社は「アジャイルに変革していく会社」への転換を目指す。その成果は出ている。量子コンピュータでは理想的な条件で量子素子を制御し、素子からの超微小信号を取り出す必要がある。ここでも同社の高調波ノイズを発生しない制御信号源や磁場ゆらぎを発生しない電流源が活用されている。さらに、超低ノイズアンプの駆動源として、世

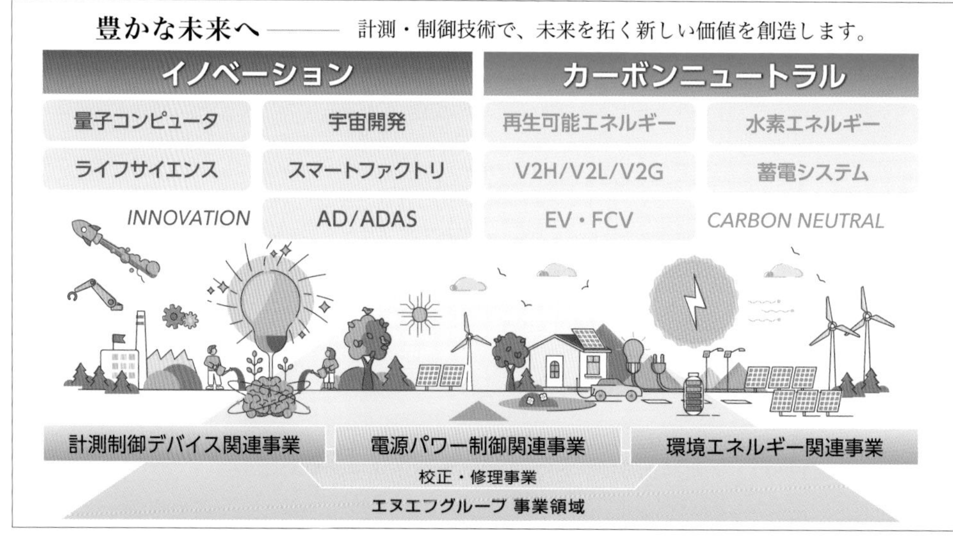

エヌエフグループの事業展開

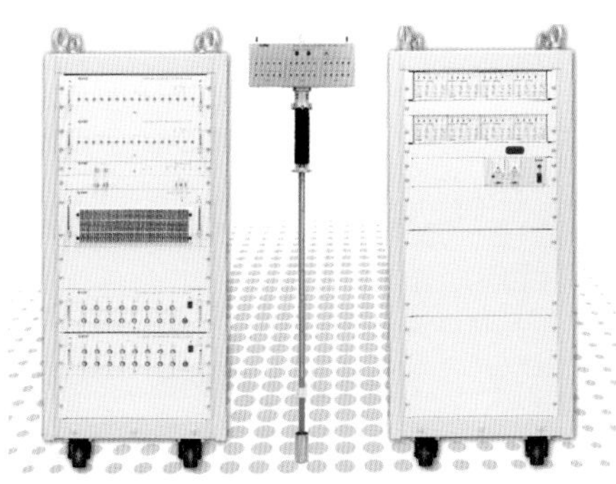

多量子ビット化研究に
量子コンピュータ向け低雑音信号処理システム

水素製造用直流電源
(NF 千代田エレクトロニクス)

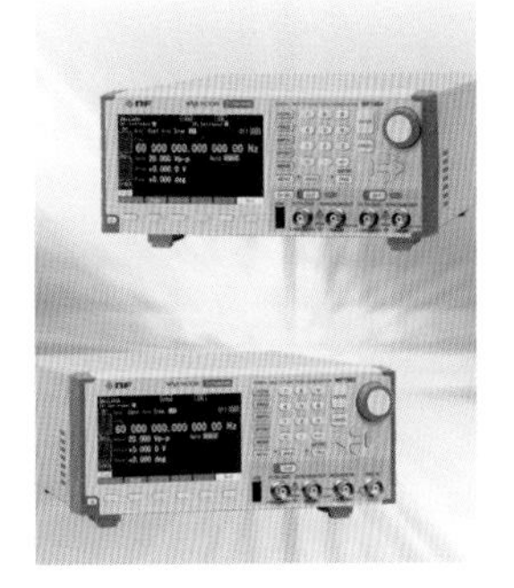

新製品
ファンクションジェネレータ

界最高レベルの低ノイズ電圧源を俊敏に提供し、量子コンピュータの多ビット化に貢献している。

環境や医療分野でも
新たな課題の解決に貢献

環境エネルギー分野では家庭用リチウムイオン蓄電システムを開発・製造するだけでなく、「NF IoT プラットフォーム」も提供。遠隔制御や故障のチェックなどを一元管理するシステムを構築。全国で約5万台の蓄電システムが接続され、電力使用のビッグデータを収集している。これに気象庁の観測データを組み合わせて天候に対応し、太陽光発電の効率とも連動した充放電制御を実現した。また、注目の水電解による水素製造では、電解槽にあわせた直流電源を提供する。再生可能エネルギーの利用拡大を実現する次世代電力ネットワーク構築に貢献できるという。

最新のイノベーションは医工学技術だ。溶液中の病原菌等に含まれるDNA量を電気的に検出・短時間に分析する技術や、心臓や脳からの微小な生体電位を計測する技術が高く評価されている。医療現場での検査機器では同社の微小信号計測技術を応用することで、病床に運んで測定できる小型軽量の弱磁場MRI装置の研究が進められている。

同社は2020年10月にホールディングス化へ移行。9つのグループ会社の力を固体質（Solid）で結集して有機的（Organic）に協調する「Solid & Organic Bloc」構想の下、グループの総合力を追求して、事業の強靭化と新価値創造を目指す。創業時からの技術の進化を続け、新ビジネスを展開するエヌエフホールディングス。身近なエネルギーから最先端技術まで、幅広い領域で社会の変革を支援し続けるだろう。

| わ | が | 社 | を | 語 | る |

代表取締役会長
高橋 常夫氏

「人が原点」で新しい価値を創造

エヌエフグループは「イノベーション」と「カーボンニュートラル」という世界的潮流の中で、計測制御技術のリーディングカンパニーとして在り続け、豊かな未来を拓く研究開発型企業として、多くの方々からの期待と応援をいただいています。

「世の中にないものを作り、技術の進歩の一翼を担いたい」「人々の望む商品を自由な発想で実現したい」という創業の志をベースに、多様な人々の価値観、高い感受性と想像力、既成概念にとらわれない発想と行動、そして将来へのワクワク感を大事にしています。そのためには人が原点。従業員全員参加の「グループ技術発表会」での技術交流や相互研鑽、[浅原義塾]の看板を掲げた座学型研修、社員間の親睦や連帯感の醸成を図る共済会イベントなどの活動も含めて、社員が連携・協調して社会に共感を持たれる新価値創造に取り組んでいます。

会社 DATA

所在地：神奈川県横浜市港北区綱島東6-3-20
設立：1959（昭和34）年4月
代表者：高橋 常夫
資本金：33億1,700百万円（東証スタンダード上場）
従業員数：連結：352名（2022年3月末現在）
事業内容：計測制御デバイス関連、電源パワー制御関連、環境エネルギー関連、校正・修理等
URL：https://nfhd.co.jp

◢英弘精機株式会社

環境関連製品で時代のニーズに応える
――ハード中心からソリューションへ移行中

ここ数年で事業拡大、売り上げも急増
事業はデータサイエンスとぴったり合致

英弘精機株式会社は、気象観測、太陽光発電、風力発電などに関わる各種計測機器類の製造販売で実績を積み上げている。特にここ数年は、温暖化・気候変動対応といった時代のニーズと、取扱製品群の特性がぴったり合致し需要が急拡大。それに伴い売上高も社員数も急増しているところだ。長谷川壽一社長は、進取の気風をベースに新たなチャレンジを続ける「可能性志向の経営」を標榜・実践して、さらなる高みを目指している。

同社の主力事業は日射・放射計測、気象要素計測、太陽電池評価、風況調査をはじめとする環境関連のあれこれだ。日射計、日照計、分光放射計、リモートセンシング機器、ガスモニターなどを幅広く取り扱っている。

第2の柱となるのが物性分析関連である。粘度・粘弾性測定、表面・界面特性評価、バイオ・医薬・化粧品材料評価、粉体物性評価ー等々に用いる分析機器類を長年、研究開発機関などに提供してきている。

100年近く前、ドイツ光学機器の輸入販売を手がけたのが英弘精機の原点となる。その後、扱い製品を増やし、また自社開発にも乗り出して、現在は環境関連、物性分析関連の両部門とも、多種多様な輸入品と自社製品を品揃えしている。長谷川社長は「創業から80年間は商社で、メーカー機能を兼ね備えたのはこの15年間ぐらい」と振り返る。

商社→メーカー兼備から第3のフェーズへ

同社では今、商社→メーカー兼備に続く第3フェーズへの移行に取り組んでいる。それは「ハード中心を見直して、データの加工やソリューションの提供にシフトしていく」(長谷川社長)というものだ。世の中全般の「ハードからソフト・ソリューションへ」といった潮流を踏まえての策。

IoT(モノのインターネット)、クラウド、AI(人工知能)を活用し、ユーザーの問題解決を図っていく。そのため、データサイエンティストも採用した。環境関連や物性の計測・評価をサポートする同社事業は、正確なデータを得て、そのデータを適切に活用することが眼目となる。まさにデータサイエンスそのものであって、第3フェーズでの大いなる飛躍が見込めよう。

「脱ハード」を志向する一方で、新製品開発などハードの進化発展にも力を入れている。その成果の代表例として挙げられるのが「EKO水蒸気・気温ライダー」だ。同機は、雨雲となる前の「雨の素」=水蒸気の状態を計測し、大雨やゲリラ豪雨の予測に生かすもの。京都大学と共同開発した。レーザー光を上空に照射し「ラマン散乱」という散乱光を観測することで水蒸気量を計測する仕組

本社社屋の外観

主力製品のひとつである日射計

み。水蒸気のほか気温も計測できるスグレモノで、気象をはじめ多方面での活用が期待されている。

いい製品を輸入し、作って海外に売る

同社の売上高は、ここへきて50億円を超え倍増している。社員数も、この3年間で80人が120人になった。風力発電のための風況調査向け製品の伸びなどが好業績の要因だ。世界中で喫緊の課題として取り沙汰されている地球温暖化・気候変動問題が、同社事業のニーズを高め、さらには、業績向上を後押ししている。

英弘精機では「海外でのプレゼンスを高めることが目標の一つ」（長谷川社長）として、グローバル化にも積極的に取り組んでいる。オランダ、米国、インド、香港に拠点を構え、欧州を中心に多くの企業とパートナー契約を結んでいる。

海外では自社製品の販売がメーン業務となる。国内では主として海外品を販売しており、「海外からいい製品を輸入し、いい製品を作って海外に売る」（同）というビジネスモデルを確立している。現状は国内ビジネスが全体の８割を占め、海外は２割程度。今後、海外拠点の拡充や営業網の強化を推し進め、海外事業を拡大・発展させていく。

リクルートに関しては新卒および中途の両方の採用に力を入れ、増大中の業務に対応している。数年前に大手企業の人事部長をスカウトし、社員のキャリア設計を大きく変えた。語学研修や技術教育をメニュー化し、人材育成に励んでいる。

最新の日射計（MS-80SH）が「PV Magazine 2022年AWARD」を受賞

お客様課題へのソリューション提供としてセミナーを開催

EKO水蒸気・気温ライダー

|わ|が|社|を|語|る|

代表取締役社長
長谷川 壽一氏

「進取の気風」で可能性を追求する

当社がかかわる気象やエネルギーの分野は、まだまだわからないことだらけで、新しい技術や製品が強く求められています。そうしたニーズに応えるには、イノベーティブ、クリエーティブで、人真似ではなく独自なものを追求する「進取の気風」が欠かせません。そこで、進取の気風に基づき、新たな挑戦を繰り広げる“可能性志向の経営”を心掛けています。

可能性を高めるには、ダイバシティも重要です。当社では女性の活用はもちろん、外国人の力も取り込んで、多様な人材、多様な発想を生かした事業を展開しているところです。その一つに、ベルギー企業と共同で取り組んでいる研究開発プロジェクトが挙げられます。研究開発の面では、大学の知見や人材を役立てる産学連携にも力を入れています。

会社 DATA

所在地：東京都渋谷区幡ヶ谷1-21-8
創業：1927（昭和2）年
代表者：長谷川 壽一
従業員数：120人（2023年4月1日現在）
事業内容：理化学機器、計測機器、光学機器の製造および輸出入販売
URL：https://eko.co.jp/

株式会社大橋製作所

ACF実装のプロフェッショナル集団
――精密板金加工とマイクロ・エレクトロニクスの異なるジャンルで成長

匠の技術と先端技術を融合させて自社製品を次々に生み出す技術開発力
スマホから医療・エネルギー、次世代自動車まで多様なACF接合の市場性

下請け加工業から脱却し自社製品を生み出すのは、多くの中小企業が目指す理想型の一つだ。しかし、「言うは易く、行うは難し」で、実現するのは容易でない。その難事を成し遂げ、祖業の板金加工業を継承しながら、世界各国にマイクロ・エレクトロニクスの実装装置を販売する有力メーカーに飛躍したのが、株式会社大橋製作所である。創業は大正初期の1916年。第二創業として、1959年に板金加工業として設立された同社は、創業107年の老舗企業となる。板金加工を営む傍らで、新たな技術開発を推進し、現在は精密板金加工のメタル事業部と、ICなどの電子部品を基板に実装するACF（異方性導電膜）実装装置等の機器事業部を展開。匠の技術と先端技術を融合させたユニークな会社でもある。

脱・待ち工場、仕事は自分でつくる時代

自社製品の開発を積極的に進めたのが前社長の大橋正義会長。大橋会長は、社長時代に「これまでの町工場は“待ち工場”。これからは自分の仕事は自分でつくる時代」と明言し、1970年代に大きく舵を切った。79年に初の自社製品「ターレットパンチプレス用特殊金型」を開発すると、84年には熱圧着装置の原型機の受託開発を機に機器事業をスタート。96年には、蓄積した熱圧着技術をもとに液晶ディスプレー（LCD）実装分野に参入。その後は、卓上型COG（チップ・オン・グラス）実装機、フルオートFOB（フィルム・オン・ボード）ラインなど、ACF接合技術による実装装置の品揃えを増やし、2007年にはスマートフォン・タブレット市場へ参入。これまでに世界450社、3500台以上の販売実績を誇るまでに成長した。2020年に父親からバトンを受けた大橋一道社長は、「自社製品を手がけ始めたころは、板金加工の稼ぎを注ぎ込むような日々が続いた」と、当時を振り返る。

自動化設備の開発・製造拠点（埼玉工場）

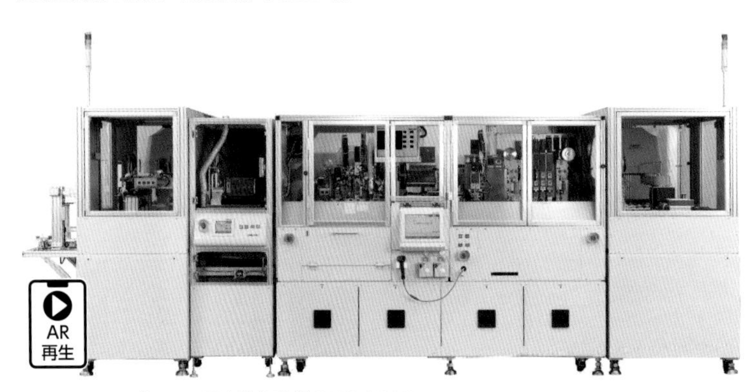

最新カメラモジュール用自動化設備CMS-2110

同社の基礎を築いたメタル事業部では、OA機器、FA機器のほか、医療、健康、環

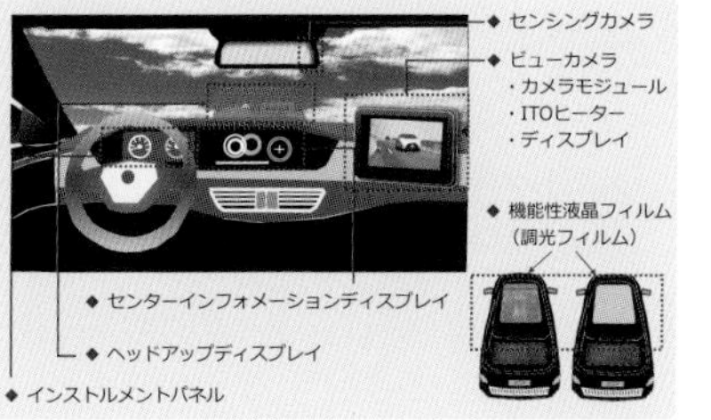

ACFを使用しているアプリケーション事例

DFCFヘッド
（荷重センサーレス加圧力制御）
特許7085165

推力、位置、速度の3情報の監視で圧着時の異常現象を即時検出！

コア技術事例

境機器、アミューズメント機器など、小物から大物までの精密板金加工と、材料試験機などの自社製品も手掛ける。一方、機器事業部の柱であるACF実装装置はスマートフォン、カメラ、ICカード、光モジュール、ヘッドマウントディスプレイなど、IT関連製品の製造で広く用いられており、なかでもスマホは、ディスプレー、タッチセンサ、バックライト、指紋センサー、振動モーター、カメラモジュール、顔認証センサーなど多種多様なパーツでACFが用いられている。

携帯端末からエネルギー、医療、車載分野へ

現在、大橋製作所の屋台骨を担うACF躍進のきっかけも携帯端末。世界展開する欧州の有力カメーカーに同社のACF実装装置が採用され、やがて中国、インド、メキシコなど各国の工場に次々に納入されていった。携帯からスマホへとシフトした今も、同社の装置は世界屈指のスマホメーカーで導入されている。最近は、ソーラパネルやスマートガスメーター、X線ディテクタ、調光フィルムといったエネルギー・医療・車載分野でも導入され始めた。さらにセンシングカメラやヒーターガラス、ディスプレーをはじめ車載用のニーズも増えており、将来的な自動運転に向けた新デバイスでも広く採用されることが見込まれる。同社ではACFの裾野のさらなる広がりを見越し、ここへきて、確立した技術を特許で守る特許戦略も強化している。

また、働きやすい職場環境づくりも進めており、2020年11月から「健康優良企業銀」認定を継続取得しているほか、仕事と介護を両立できる職場環境の整備促進に取り組んでいる企業として、厚生労働省が定めるシンボルマーク「トモニン」を取得済み。「以前から産学連携には力を入れていて大学との共同研究も進めている。ここ数年は、毎年新卒採用が出来ているが、営業職／開発・設計職／製造職などで新たな若い力の参加を期待している」（大橋社長）。脱・待ち工場を成し遂げ、世界的なACF実装装置メーカーとなった同社には、今後も挑戦と活躍できる舞台が大きく広がっている。

|わ|が|社|を|語|る|

代表取締役社長
大橋 一道氏

無から有を生み出す、個性豊かなチャレンジ集団

板金加工から始まって、装置メーカーへと転身。今では売り上げの90%を機器事業が占めており、脱下請けを果たしました。主力のACF実装装置のほか、板金加工から派生した試験機、自動化機器の類いや、健康と運動をテーマにした製品群をラインアップしています。

社員は100人足らずの規模ですが、少数精鋭、筋肉質な企業を目指しています。また、新しいことへのチャレンジを重視して積極的に支援しています。チャレンジし変化していくことができる企業にしか成長は無いと考えるからです。

社員の育成に関しては、個人目標シートにより、どうキャリアアップするか、方向性を共有するようにしています。ユニークで個性豊かな人たちが真面目に働いている会社です。

会社 DATA

所在地：東京都大田区大森南3-1-10
創業：1916年
設立：1959年8月
代表者：大橋一道
資本金：9600万円
従業員数：89人（2023年4月1日現在）
事業内容：ACF実装装置、各種試験機、自動化機器、健康・運動関連機器、数学オブジェの製造販売および精密板金加工
URL：https://www.ohashi-engineering.co.jp/index.html

左記のQRコードを読み込んで「COCOAR」アプリ（無料アプリ）をインストールした後、アプリを起動し、画像にかざしてスキャンすると関連動画がご覧いただけます。
●有効期限：2023年6月1日より2年間

カヤバ株式会社

振動・パワー制御技術で世界のトップランナー
――自動車・建設機械の電動化、自動運転時代に貢献する技術に磨き

自動車用ショックアブソーバで国内シェア40%
豊富な研修やメンタルチェックで社員のモチベーションをアップ

自動車に乗っていて快適な乗り心地を楽しめたり、車内に置いた飲み物が倒れることがないのは、揺れを抑制する機構、ショックアブソーバがあるおかげだ。カヤバは自動車用ショックアブソーバ市場で国内シェア40%、世界シェア13%を占める世界的企業だ。また、建設機械の駆動に欠かせない油圧シリンダにおいても世界シェア25%を握っている。基礎となるのは、油圧技術。油圧を制御することで、なめらかに移動したり、大きな力を生み出したりすることができる。油圧技術のパイオニアとしてカヤバは自動車や各種産業機械業界から高い信頼を得ている。ただ、時代はカーボン・ニュートラル（温室効果ガス排出実質ゼロ）や電動化へと大きな変革期を迎えている。カヤバはその変化を先取りし、油圧と電動のハイブリッド技術や油圧機器の電子制御といった新分野の開発にも磨きをかけている。

電子制御・電動化技術を活用したアクティブサスペンションシステムを開発し、EV（電気自動車）時代に求められる省エネで安全性・快適性に優れた機構をシステムとして自動車メーカーなどに提案している。油圧機器を電子制御化することで遠隔操作、自動化、無人化に対応する技術にも取り組んでいる。「油圧のカヤバ」というイメージが強い同社だが、工場や研究所には電気・電子出身の技術者が100人以上在籍しており、油圧と電子制御の融合を急速に進めている。

社員によるラリーチームやキャンピングカービジネスに挑戦

変革を象徴する取り組みと言えるのが、「カヤバラリーチーム」の存在だ。社員が監督、エンジニアやメカニックを務めるワークスチームとして、2023年 全日本ラリー選手権に参戦した。ドライバーも社内で育成中という熱の入れようだ。同社がラリーに参戦するのは、車好き社員の余暇活動というわけではない。ラリーカーは急加速、急減速でコーナリングをするなど、過酷な環境で性能を競い合う。ラリー活動を通じて車両の様々なデータを集積し、新商品の開発に活かすことが最大の狙いだ。また、実際にラリーに参加すると、観客からも「カヤバさん」と声をかけられることが多い。自動車の黒子的な存在の同社だが、一般消費者にブランドイメージをアピールする機会になっている。

もう一つ、〝カヤバらしからぬ〟取り組みと言えるのが、キャンピングカーの開発だ。同社はトラックメーカーから車台を購入して、その上にコンクリートミキサーを架装して販売する特装車両事業を手がけているが、キャンピングカーのような一般消費者向け商品は初めて。キャンピングカーのデザインや機能はすべて社員からの提案で実現している。同社が得意とする油圧ポンプを搭載した電動油圧ユニットで、キャンピング

従業員で挑戦するカヤバラリーチーム

キャンピングカーを出展した東京オートサロン

カヤバの技術を結集したキャンピングカー

電子制御など油圧以外の技術も重要に

女性技術員も多く活躍中

カーの天井や横幅が拡大し、居室空間を広くするというもの。実際に展示会で披露したところ、タブレット操作で外観がなめらかに拡大していく様子に、驚いて見入る人たちが絶えない人気ぶりだった。走行中は振動を制御するサスペンション機能で快適な乗り心地を提供するなど、同社の得意とする技術がしっかりと盛り込まれている。

若手社員が活躍できる環境づくり

2023年に商号を「KYB」から「カヤバ」に変更する（2022年に通称社名「カヤバ」を採用済）。同社創業者である萱場資郎が残した「あらゆるものは発達途中の過去のものであり、世の中は常に新しいものを求める」という言葉にある原点に立ち返り、社会に役立つ存在として工夫・改善を重ねることを全社で誓った。

現在、「2050年のカヤバのありたい姿を描く」という目的で、若手社員と大学で連携して未来予想をするプロジェクトを進めている。経営者だけでなく、若い世代にも会社の将来について考えてもらうのが狙いだ。仕事に必要な資格取得や語学研修など、社員教育のメニューを多数用意し、試験に合格したら費用は会社負担にするという仕組みも導入し、社員の自己啓発を後押ししている。

また、毎年全社員を対象にメンタルチェックを実施したり、自分がいる部署から別の部署へ移る要望を聞く機会を設けるなど、社員の仕事に対するモチベーションが維持できる仕組みを取り入れている。フレックス出勤に加えて、テレワークも制度化した。本社はフリーアドレスを採用しており、自由な働き方が社員からも支持されている。

|わ|が|社|を|語|る|

取締役専務執行役員
（6月末に社長就任予定）
川瀬 正裕氏

新しいことに挑戦する風土

当社は2025年に創立90周年を迎える歴史のある会社ですが、常に新しいことに挑戦する風土を持っています。クラウドを活用して工場設備の予知保全システムを構築した際には、取引先企業からも高い評価をしていただきました。長い歴史で培われた信頼と進取の気風が当社の持ち味です。

4月に「デジタル変革推進本部」を新設し、全社的にDXで業務改革に取り組む体制としました。この分野は若手にどんどん新しい仕事のやり方を提案してもらいたいと期待しています。

また、当社は欧州12カ国、アジア7カ国、米州3カ国など、海外に多数の拠点があり、海外で働くチャンスの多い環境です。事前の研修制度も整っているので、安心して海外で若い力を発揮できます。

会社 DATA

所在地：東京都港区浜松町二丁目4番1号
設立：1935（昭和10）年3月10日
代表者：大野 雅生
資本金：276億4,760万円（東証プライム上場）
従業員数：14,472名（連結ベース）
事業内容：油圧技術を核とした振動・パワー制御機器の製造・販売
URL：https://www.kyb.co.jp/

株式会社キヨシゲ

モノづくりを支える産業用鋼材販売のプロフェッショナル
――板金・プレス加工、そしてリサイクルまで一貫対応

建機、産業用機器などほぼ全業種との取引
企画提案型の鋼材販売・加工でユーザー企業を支援

株式会社キヨシゲは、日本の一大鋼材流通拠点である千葉県浦安市の浦安鉄鋼団地に本社を置く。1960年に鋼材スクラップのリサイクルから出発して62年。今では、産業用鋼材の販売、板金・プレス加工、溶接、リサイクルと1社で対応できる事業内容へと進化して付加価値を高めており、コンサルティング型事業でモノづくりのユーザー企業を支える存在となっている。

「ファブリケーターと呼ばれる建設・建築用鉄骨会社とは住み分けている」（小林光德社長）と言う通り、棒鋼やH形鋼は扱っておらず、鋼板や山形鋼、溝形鋼、鋼管の扱いに集中している。なかでも板材の加工を主力としており、価格競争に陥りがちな鋼材流通よりも、加工によって付加価値を高めることに成功している。

2021年12月には群馬県内の厚板加工会社を傘下に収め、薄板から厚板まで板材の扱い品目を拡大。建設機械、舶用機器や半導体製造関連、鉄道車両関連へとユーザーの裾野を一挙に広げた。会社全部でコンサルティングサービスの精神に徹し、企画・提案型のユーザー企業サポート部隊としてサービスを提供することを心がける。1990年頃までは建築関係のユーザー企業が多かったというが、現在は、ほぼすべての業種と取引があり、トラック・トレーラー、建機、鉄道車両、軌道、農機などが主要な取引先で、かつ国内ユーザーとなっている。

国家資格である技能士資格の取得を社員に奨励

鋼材加工に欠かせない板金加工機やレーザー加工機の操作には、訓練された技能と、精細な加工データの作成が伴う。このため、従業員には板金技能士などの国家資格の取得を奨励する。全社員100人という中で、特級・1級・2級の板金加工技能士やタレットパンチプレス技能士の資格保持者は延べ約50人に上る。

新型コロナウイルス感染症の影響で、国内外の製造業が材料不足で悪戦苦闘する中、同社の業績は、いち早く持ち直し、2023年3月期は売上高95億円前後と最高を記録する見込み。さすがに、コロナ感染流行当初の2020年前半は大きく落ち込んだが、同年後半には、モノ不足の反動から来る大きな発注のうねりを捉えることに成功し、回復基調にめどを付けたという。小林社長は「スクラップも扱っている関係もあってか、鋼材市況の動きには会社全体が敏感な体質になっており、加えて、鋼材不足の中でも加工を手がけていることがユーザー企業に対して効果的に

一大鋼材流通拠点の浦安鉄鋼団地に本社工場を構える

社員出入口に国家資格取得者を掲示

タッチパネル操作でベンダー機械を操る

設計部門を配置した加工センターの工場内観

群馬県の厚板加工工場（根本製作所）

APC、CADの作業風景

白熱した打合せの様子

訴求できた」と振り返る。母材となる鋼材の仕入先との密接な関係も特徴で、母材・加工の両面での協力関係でユーザー企業を支援する。特にコロナ当初のモノ不足の状況を乗り切ることができたのは、この協力関係があったからだったという。

2005年頃からはベトナム人技能実習生を受け入れ、その人材のつながりからCAM用（工作機械を稼働させるNCプログラム）のデータは2017年に設立したホーチミン市のベトナム現地法人キヨシゲベトナム（KIVC）で作成する。現地法人の運営は現地の人に任せる半面、実習生やエンジニアとして日本国内でも約20人のベトナム人が活躍中だ。

技術・技能を備えた社員によるユーザー支援に一層力

理工系学生にとっては、学校で習得したスキルを生かせる点は大きな魅力。ベトナムで加工図面を設計しているが、国内の加工センターには司令塔となる設計部門があるため、学校で習得したCAD/CAMのスキルで加工プログラムを作る楽しさや、設計データを工作機械に転送してモノづくりそのものも喜びも実感できる職場だ。

高校卒、大学卒を含め、工場要員や営業要員を合わせて毎年5人は若手を確保していきたいとし、初任給の引き上げ、平均5カ月分強の年間賞与など待遇面でも業界平均を上回る水準、有給休暇の80%以上取得実績、男性の育児休暇取得支援、短時間勤務制度といった取り組みで魅力アップに努めている。2023年春の入社予定者3人のうち、1人は女性。10年から20年先をにらんで計画的に人材を確保し育成していくことが将来のキヨシゲを支え、同時にユーザー企業を支えることにつながると確信している。

ユーザー企業に確かな提案ができるのは、技術と技能で裏打ちされた人材がいるからこそ。自主的な勉強会の支援のほか、ISO品質やISO環境、安全衛生、社内美化、ホームページ、DX推進などの社員による委員会活動があり、自らのアイデアで改善活動を推進する。「年齢、国籍、性別を問わず、有能な人材に活躍してもらうことが重要」（小林社長）とし、モノづくりのバックアップ部隊として、一層の発展を目指している。

|わ|が|社|を|語|る|

代表取締役社長
小林 光德氏

モノづくりのバックアップ部隊として産業界に貢献

当社は、最終製品はつくっていません。納入先のユーザー企業のモノづくりに欠かせない素材を提供しています。素材として何を使い、どのように加工して納めれば、生産効率やコスト効率が良くなるのか。スクラップ回収や産業廃棄物収集運搬まで手がける業務内容は、昨今叫ばれるSDGsとも密接に関連しており、モノづくり全般にわたって、1社ですべてコンサルティング的な事業が展開できる珍しい存在だと考えています。多くの技能士の例からも理解していただけると思いますが、社員への教育体制は他社に負けません。加えて、有給休暇100%取得を目指し9日間の長期連続休暇取得、社員旅行や各種社内イベントなど、福利厚生にもしっかり目を配っています。鋼材の「販売」「加工」「リサイクル」の事業の3本柱で産業界に貢献していることが、当社で働く人たちの自信と存在感につながっています。

会社 DATA

所在地：千葉県浦安市鉄鋼通り2-4-3
創業：1960（昭和35）年3月27日
代表者：小林 光德
資本金：5,000万円
従業員数：約100名
事業内容：鋼板・鋼材の加工・販売、スクラップ回収まで、企画提案による一貫対応
URL：https://www.kiyoshige.com/

◢株式会社三幸製作所

現場ニーズを先取りし、人の命と健康に貢献する医療機器メーカー
――積極的な新製品開発を通じて、医療現場の困りごとに迅速に対応

ここに注目！

国内トップシェアの吸引器を中心とする圧倒的なブランド力
多様な補助金制度や研修制度に見られる社員第一の経営姿勢

株式会社三幸製作所は、吸引器や酸素圧力調整器、動物用人工呼吸器などを開発、製造する医療機器メーカー。なかでも口腔内の分泌液（唾液、痰）を体外に取り出す吸引器は、国内シェア約60%を確保し、同社の主力製品になっている。おもに医療現場や介護施設で使われるが、なかには10年近く使用されるケースや、1年365日、運転し続けている製品もある。金坂良一社長は「使いやすく、壊れないというブランド浸透が何より有難い。患者さんの命と健康にかかわる製品なので、安心と信頼のモノづくりが欠かせない」と、強調する。

実は金坂社長は、緩衝材や梱包資材を製造するカネパッケージ株式会社（埼玉県入間市）の社長でもある。医療機器メーカー向けの緩衝材を多く扱っていた縁もあり、三幸製作所の事業承継提案に応じるかたちで、2019年に同社をグループ化。以来、矢継ぎ早に三幸製作所の社内改革を実行してきた。例えば、生産態勢の抜本的な見直し。新型コロナ以降は人工呼吸器の増産対応に追われたが、改革を通じて生産効率を引き上げることに成功。最近は「残業しなくても、同じ量を生産できるようになった」と言う。

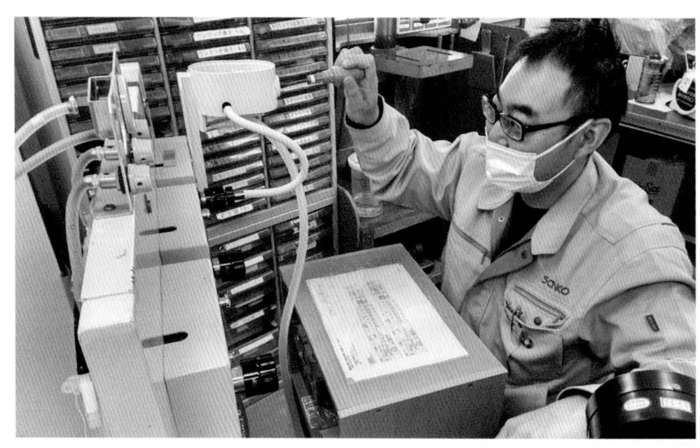

新製品開発　性能試験

海外展示会　Medical Fair Asia 2022 at Singapore

新製品の開発期間を短縮

シミュレーション手法を大胆に採り入れたことも大きい。試作を何度も繰り返す従来手法に変えて、あらかじめコンピュータ解析によって、金型変更などの試作領域の工数を大幅に低減。さらに社外で借りていた防音室を内製化し、音の検査を迅速化することによって、新製品の開発期間を大幅に短縮している。金坂社長は、「最近も新製品を8機種同時に投入したばかり。トップシェアを盤石にするためにも、新製品開発を通じて商品力を一段とアップしていく」と、明快だ。

開発のカギとなるのが、ユーザーとなる医療現場の視点に立ったモノづくり。今後投入される新開発の吸引器は、設置スペースを約2割低減したほか、モータの改良によって図書館並みの静粛性を実現。夜中でも他の入院患者を煩わすことなく、吸引作業を行えるようにした。「現場ニーズの把握なくして、メーカーは成り立たない」と、断言する金坂社長。岡山大学病院に毎年1年間社員一人を派遣し、現場の困りごとを発見してくる取り組みも始めている。

2023年2月　マングローブ植林

従業員集合写真

とりわけ新型コロナ禍の医療現場では、人手不足と感染防止対策に見舞われ、吸引器で取り出した廃液を貯める容器の洗浄作業が敬遠されがちに。そこで同社がいち早く取り組んだのが、吸引バッグにたまった廃液を捨てるディスポーザブル型吸引器の積極投入。装置にとどまらず、廃液用の交換バッグの自社生産ラインを新設し、サプライチェーンまで含めた万全の態勢を整えた。まさに三幸製作所が、現場の困りごとに迅速対応したことの表れで、今後もディスポシフトを通じて、医療現場の負担軽減をサポートしていく方針だ。

社員を大切にする数々の取り組み

将来的には、東南アジアを中心とする海外市場開拓も視野に入れるが、「私の代わりに仕事をしてもらっている社員に感謝し、ワクワクして働いてもらうことが私の役割」と話す金坂社長。会社の成長は、それ自体が目的ではなく、社員を豊かにするための必要条件と見ているようだ。あまり例を見ない金額の住宅取得祝い金や、エコカー普及を名目にした新車買い替え補助制度、1泊2日以上の旅行に対する2万円補助のほか、社員の成長を支援する各種研修制度の充実ぶりなど、社員を大切にする数々の取り組みは、書き尽くせないほどのボリュームと内容だ。

カネパッケージグループが、2009年から始めているフィリピンでのマングローブ植林活動。三幸製作所もグループの一員として、毎年3～4人の社員が3泊4日で植林に赴く。「環境改善活動を実際に体験することで、社員の意識も変わる。心も変わる。自宅に帰った社員は、きっと家族にこの体験を笑顔で話すにちがいない」（金坂社長）。そんな社員一人ひとりが前向きに働き、それぞれの力を存分に発揮する。それが三幸製作所の成長の原動力になっている。

わ｜が｜社｜を｜語｜る

代表取締役
金坂 良一氏

感謝の気持ちを込めて愚直に取り組む

当社は、創業の精神を引き継ぎ、一人でも多くの患者様を救えるよう、そして医療従事者の皆さんの負担を少しでも軽減し、過酷な医療現場の環境改善につながる医療機器を開発、提供しています。お陰様で、吸引器をはじめとする当社製品には、「使いやすい」、「壊れにくい」といった多くの信頼が寄せられ、数々の実績を積み上げてきました。今後も患者様の命と健康を支える確かな製品を提供するため、社員一人ひとりの感謝の気持ちを込めて、愚直にコツコツと取り組んでまいります。「人生100年時代」と言われる時代の変化とともに生活様式も変わり、ライフスタイルも変化していきます。その中で、当社は常に患者様、医療従事者の皆様の立場に立ち、お役に立つ製品を開発してまいります。

会社 DATA

所在地：埼玉県さいたま市西区中釘652
設立：1962（昭和37）年3月5日
代表者：金坂 良一
資本金：1,000万円
従業員数：100名（2023年3月末現在）
事業内容：医療機器の製造及び輸入
URL：https://sanko-med.com/

◢スーパーレジン工業株式会社

繊維強化プラスチックのフロントランナー
――独自の研究開発力で顧客の価値向上を実現する

「はやぶさ 2」にも採用される実績と大手企業からの信頼
常に新しいことへ挑戦する気風が生み出す幅広い活躍の選択肢

価格競争に埋没しない独自の事業領域

小惑星探査機「はやぶさ2」。生命の起源を探る貴重なサンプルを持ち帰った快挙は記憶に新しい。その「はやぶさ2」の太陽電池パネル構造部材を手掛けたのが、繊維強化プラスチック（FRP）のパイオニアであるスーパーレジン工業株式会社だ。1957年の創業以来、FRPの研究開発を積極推進し、時代の最先端製品へ次々と挑戦することで先端複合材のノウハウを確立。今では人工衛星をはじめとする航空宇宙分野から、産業用ロボットアームなどの産業機械分野、さらに電波応用分野に活躍の場を広げ、材料開発から設計、製造、組み立てまで一貫した事業を展開する先進複合材料の第一人者としてのポジションを確立している。主力事業の顧客も日本を代表する企業であり、同社に対する信頼は厚い。

FRPは、ガラス繊維や炭素繊維を樹脂で固めた複合材。戦後、いち早くガラス繊維強化プラスチック（GFRP）の工業化に乗り出したスーパーレジンは、創業とともにGFRPの先進的な応用先を開拓し、船舶、輸送機、電気機器向けなど様々なGFRP製品に挑戦、高付加価値の単品製作メーカーとして独自の事業領域を確立。1970年開催の大阪万博の「太陽の塔」の顔部分を作者の岡本太郎氏とともに自社工場内で作り上げたこともある。GFRP製品は価格競争による企業淘汰が進む中、スーパーレジン工業はGFRPの電波透過性、絶縁性を活かしたレーダードームや高所作業車のバケットなどの高付加価値製品で存在感を維持している。なかでもレーダードームは、電波損失を最小化する設計／解析を自社技術で実現し、市場はほぼ同社の独占状態にある。

新たな価値を生み出す

そして1980年代の半ばから製造を開始したのが、炭素繊維強化プラスチック（CFRP）。軽量ながらも鉄以上の強度と剛性を持ち、錆びない、電気を通せるといった優れた特性を持ち、様々な分野で採用が拡大している。同社のCFRPは、人工衛星等の構造体のほか、熱膨張がほぼゼロの液晶パネル製造装置用部品、独自開発の樹脂技術を応用した超軽量天体望遠鏡や耐候性自動車エアロパーツ、など先端製品で多くの実績を積み重ねている。最近はCFRPのモノコックボディを採用した軽量ドローン機体も開発しているが、朝倉明夫社長は「樹脂に関する豊富な知見をベースに、材料開発から設計・解析、製造、組み立てまでの一連のプロセスを一貫していることが当社の強み。単純に金属からCFRPに代えるのではなく、CFRPで新たな価値を生み出すところに当社の役割がある」と、説明する。

メーカーが金属からCFRPに切り替える理由の多くは、性能や機能の向上を期待できること。軽くなれば動力を低減できるだけでなく、より高速にしたり、動作精度を高めたりすることも可能だ。こうした顧客の期待に対し、スーパーレジンは強度や剛性、軽量化をバランスさせ、さらに耐熱性や構造、独自

構造体製造に関与した「はやぶさ2」

スーパーレジン工業の技術力

太陽電池パネルの構造体の一部（見本）

GFRPを使用したレーダードーム

モノコックボディを採用したドローン機体

開発の機能性樹脂との組み合わせといった要素から、高い次元で複合部材を設計開発している。現在、同社以外に、GFRPとCFRPの両方の開発を手掛ける国内企業はないとされ、「常に一歩先を行く研究開発が基本姿勢」（朝倉社長）で、材料開発、設計、解析、評価までカバーしているスーパーレジンは、まさにFRP開発のフロントランナーと言えるだろう。

サスティナブルな社会の実現が求められるなか、昨夏には生分解性成分を含む樹脂を用いたCFRP＆発泡体を完成。長年の課題であったリサイクルFRPを積極提案していくとともに、一段と高まる軽量化ニーズに着目し、今後は航空宇宙、産業機械、電波に次ぐ第4の柱を目指して、建築建材関係に力を入れていく。すでに成果として現れたのが、昨秋に福岡県営筑後広域公園にお目見えした建築家の隈研吾氏設計による「ワンヘルス・カーボンゲート」。鉄では難しいリングをらせん状にしたデザインで、大阪万博の「太陽の塔」から半世紀、今度はCFRPのモニュメント製作に挑戦。ここでも新たな製造技術にトライすることでこれを見事に実現している。

社員の想いを実現する

「あなたの想いをかたちにします」。同社が前面に掲げているフレーズだ。「顧客に対する言葉であると同時に、社員の想いを実現するという宣言でもある」（朝倉社長）と言う。「宇宙に携わる仕事がしたい」と、昨年入社の新卒社員は、すでに人工衛星関連の設計実務に携わり、顧客との技術打ち合わせに奔走する日々を送る。大手企業と異なり、社員の希望に寄り添える中小企業ならではの利点と言えるだろう。

またその目線は地元地域にも注がれている。毎年、地域貢献として地元小学生を招いた工場見学会を開催しているが、朝倉社長は「慣れたもので苦労は感じていない。むしろ子どもたちの笑顔に社員が癒されている」とか。さらに地元稲城市の小学社会科の副読本で同社が紹介されことを、ことのほか喜ぶ。そんな複合材料の先頭を走る社員140名の研究開発型企業は、幅広い活躍の選択肢を提供できる理想の中小企業の姿かもしれない。

|わ|が|社|を|語|る|

代表取締役社長
朝倉 明夫氏

堅実で将来性のある事業分野に強み

当社は、創業以来、FRP一筋で材料開発から設計、成形、加工までを一貫して手掛ける研究開発型の企業です。つねに新しいことへ挑戦する気風を持ち続け、そこから生み出された製品は、多くの実績とともに認められ、現在では航空宇宙をはじめ堅実で将来性のある事業分野に強みを持つ企業に成長しました。高い性能や品質を求められる仕事が多いですが、やり遂げた時の達成感や喜びは言葉にできないものがあります。

そして初心者でも、質の高い様々な製品を経験しながら、徐々に技術・技能を学べる環境があります。若い人でも、新製品の開発や大規模なプロジェクトで活躍できる土壌があります。揺るぎない事業基盤を有する当社には、社員の想いをかたちにできる力があります。

会社 DATA

所在地：東京都稲城市坂浜2283
設立：1957（昭和32）年11月25日
代表者：朝倉 明夫
資本金：1億円
従業員数：140名（2023年3月末現在）
事業内容：炭素繊維・ガラス繊維を中心とした先進複合材料を用いた成形加工、航空・宇宙機器や液晶・半導体製造装置の部品および産業機械部品などの研究・製造・販売
URL：https://www.super-resin.co.jp

株式会社ツガミ

「新天地」の中国・インド市場へシフトして大きく飛躍
――継承技術と革新技術を融合し、時代をリードする工作機械を提供

ここに注目！
新興国市場で内製化によるコストダウンと品質向上を両立
「現場・現物・現実」に即した経営で市場ニーズを絶えず先取り

日本のモノづくりの衰退が叫ばれて久しいが、国産工作機械業界は高い競争力を維持している。中でも株式会社ツガミは小型自動旋盤のトップメーカーであり、自動車やスマートフォンなどの部品をはじめ、様々な製造現場で利用されてきた。同社は新興国市場への進出にも積極的で、中国子会社が香港株式市場に上場するなどグローバル化で先行している。

ツガミは1937（昭和12）年に、新潟県長岡市で「津上製作所」として創業した。39年にはL型ねじ切りフライス盤の「T-TML500」と油圧式万能円筒研削盤「T-UG300」の生産を始めて工作機械に参入した業界の老舗企業だ。ところが敗戦でGHQから軍需用を対象にした工作機械製造禁止令が発令され、同社は46年から研削盤や転造盤、ミシンの生産へシフトする。これがヒットし、49年には東京、大阪、新潟の3証券取引所に上場を果たした。その後は主軸移動型自動旋盤、CNC複合自動旋盤、マシニングセンタなどを相次いで投入。世界最高水準の超精密加工機械メーカーに成長した。

本格的なツールスピンドルを搭載した生産形複合加工機　SS20MH-Ⅲ-5AX

主軸移動型自動旋盤の生産ライン

急激な円高を回避するために海外へ進出

転機を迎えたのはバブル経済崩壊後の97年。急激な円高の影響で、国際競争力に重大な懸念が生じたのだ。そこで同社は海外生産に目をつけた。ターゲットは新興国市場。中国とインドにテストプラントを開設し、2003年に中国へ正式進出。08年のリーマン・ショックを受けて価格と機能を抑えたボリュームゾーンの工作機械で現地生産を本格化した。その結果、現地製造業の成長に伴い急成長を遂げる。

工作機械に限らないが、ボリュームゾーンの製品は大量に販売できるメリットがある半面、価格競争に引き込まれ利益が出ないデメリットもある。ツガミは事業構造を変えることで対応した。日本ではサプライヤーに外注している部品製造を、海外ではすべて内製化したのである。加えて生産ロット（単位）が大きくなったため、生産ラインの段取り替えなどが減り、生産のムダが排除されると同時に品質も安定した。その結果、大幅なコストダウンと品質向上を実現し、ボリュームゾーンの製品でも十分な利益を出せるようになった。

11年にはインドで生産会社を

長岡工場全景

長岡工場外観

立ち上げ、現在、生産能力増強を進めている。かつて同社の売上は国内が9割に達していたが、現在は海外が9割に逆転している。人材面でも国内で600人の社員を抱えるが、インドでは350人、中国では2500人と外国人社員の方が多い。すでに同社は日本では極めて珍しいグローバル企業なのである。

もちろんツガミの強みは価格だけではない。品質がいいのは当たり前。ユーザーがスムーズに自動化・省力化を実現できるような現場志向の製品づくりで、海外のモノづくり企業から高い評価を受けている。新興国だけではなく、スイスの有名時計メーカーや大手スマートフォンメーカーなど精度の高い加工が必要な先進国企業に納入していることからも、同社の工作機械の信頼性の高さがうかがえる。

「高精度」「高速」「高剛性」の製品づくりで成長を持続

今後の成長戦略としては中長期的に設備投資意欲が旺盛な中国、東南アジア、インドなどでの生産・販売・アフターサービス体制の強化を図る。併せて米欧の先進国市場の深耕も目指し、ニッチ用途のハイエンド複合機を投入していく。新製品開発ではこれからの需要増が期待される、環境対応待ったなしの自動車向け部品や高度化が進むHDD・IT関連、医療機器関連で利用される工作機械に取り組む。

同社が大切にしていること、それは「現場・現物・現実」に即した経営だ。この大原則を厳守しながら、創業以来培ってきた精密技術を基礎に市場ニーズを絶えず先取りし、新しい価値の創造を通じ、社会に貢献する。具体的には顧客の要望に合致した「高精度」「高速」「高剛性」の製品を提供することにより、長期的な成長を持続させていく。日本からアジアへ、そして世界に飛び出したツガミ。沈滞する国内モノづくりの牽引役になりそうだ。

|わ|が|社|を|語|る|

上席執行役員　技術三部長
風間 浩明氏

市場ニーズを先取りして新しい価値を創造

創業以来培ってきた精密技術を基礎に、「高精度」「高速」「高剛性」の製品を提供してまいりました。工作機械の総合メーカーとして、設備投資意欲が旺盛な中国、インドを中心としたボリュームゾーン向けに自動旋盤やタレット旋盤、マシニングセンタの新製品を、日本・ヨーロッパ・アメリカを中心にハイエンドのターニングセンタの新製品を投入しています。今後は、IoTやAIを積極的に活用して、省エネ・自動化・省力化の技術開発に取り組み、市場が要請する課題解決に挑戦し、お客様の生の声を吸収し、ニーズを先取りして新しい価値を創造し、超精密加工機械の新製品の開発に常に取り組み、お客様にご満足いただける製品を提供し続けてまいります。

会社 DATA

所　在　地：東京都中央区日本橋富沢町12番20号
設　　　立：1937（昭和12）年3月
代　表　者：百谷 淳一
資　本　金：123億4,500百万円（東証プライム上場）
従 業 員 数：単体：482名　連結：3,103名（2023年3月31日現在）
事 業 内 容：精密工作機械の製造および販売
U　R　L：https://www.tsugami.co.jp/

株式会社テクノメイト

温度、圧力、流体を科学する半導体製造装置周辺の機器開発会社
——ニッチ分野に特化し、設計、製造、検査、出荷をワンストップで内製化

ここに注目!

コア技術を活かし自動車、医療、エネルギー分野に事業領域を拡大
売上急伸による業容拡大を機に新本社工場を建設

半導体製造プロセスの一つであるウェハー研磨工程。株式会社テクノメイトは、ウェハー表面を鏡面仕上げするCMP（Chemical Mechanical Polishing）装置に不可欠なスラリー（砥液）供給装置や薬液供給装置を手掛ける開発型のメーカーだ。鏡面仕上げの要となるスラリーや薬液を個々の装置に最適な比率で調合し、ウェハー表面に適量を正確に垂らす役目を担う装置で、おもに国内の大手半導体製造装置メーカーへOEM供給している。まさにテクノメイトは、私たちの生活に欠かせない半導体の製造を陰で支える存在でもある。

海外からの来客

八王子左入町の新工場

2年連続で売上倍増

創業当初は、昇圧ポンプをはじめとする半導体製造装置用のポンプユニットで事業を拡大させたが、半導体ウェハーの裏面を研磨して薄くするバックグラインダー向けでスラリー供給装置に参入。ここで確立した独自の調合技術と温度、流体制御技術をもとに、CMP向けの装置開発に発展させて成長を遂げてきた。最近は、新型コロナ以降の世界的な半導体需要に伴い、2021年度と22年度の売上高は2年連続で倍増しており、半導体製造の周辺装置におけるニッチ戦略が大きな成果をもたらした格好だ。芦田春幸社長は、「これまでの反動で2023年度は減少見込みだが、それでもコロナ前の水準に戻ることはないだろう」と見ている。

最大の強みは、設計から製造、検査、梱包、出荷までをワンストップで提供できること。これにより高品質で短納期、低価格を実現するとともに、納品後の改良などの顧客対応を迅速化。3次元CADによる筐体設計やレイアウト設計と、回路設計や機械制御ソフト、タッチパネルの画面ソフトを含め、すべてを内製化していることで、「顧客から『こういうモノができない

ポンプ組立

装置組立

社員旅行

か』と言われたら、ゼロから新しいモノを作り出せる」（芦田社長）と言う。

一方、温度制御、高圧制御、流体制御をコア技術に、OEMとは異なる様々な自社製品開発を積極的に進めている。例えば、電気の要らないエア駆動式の小型高圧ポンプ。超音波洗浄などでは難しい凹凸のある半導体の高圧ジェット洗浄など幅広い用途で、海外輸出を中心に年100台規模の需要があり、現在の自社製品の主役となっている。半導体市場以外の新分野開拓も意欲的。配管等の溶接部分のリーク試験を行い合否判定するリークデテクタ試験装置、エンジン始動用ワイヤの耐久試験を行うリコイル試験装置、自動車のスターターモーターの特性解析装置など、大手メーカーからの依頼に応えるかたちで多様な試験装置を開発、販売しているほか、大手水処理メーカーの基本設計に基づく機能水ユニットの開発を完了させている。

医療分野へ自社技術を展開

医療分野への挑戦も始まった。大量の酸素を必要とする患者が病院に運ばれてくると、酸素ボンベの交換が必要になり、現場の負担が課題となっている。テクノメイトは酸素ボンベの切替装置の試作機を開発、医療機関が評価を行っている段階にあるほか、全国にある透析病床に向けた透析液の温度制御装置も開発中。芦田社長は、「医療の世界は認証の壁もあり、様々ある最新技術の導入が遅れている」と分析、今後は医療現場の声を聞きながら認証の要らない装置をベースに、課題解決型の装置開発を推進していく。

2023年4月、現本社と同じ八王子市内に、総工費5億円を投じて、クリーンルーム仕様の4階建て新本社工場を完成させたばかり。現本社工場が手狭になったための対応だが、「作業場が広くなり、女性も働きやすい環境を整えた。これを機に若い人材の確保に努めたい」（芦田社長）と言う。昨年入社した第2新卒社員が、酸素ボンベ切替装置の担当になったほか、近隣の工業高校から受け入れたインターンシップ経験者二人が、この春入社した。半導体装置周辺の市場を軸にしながらも、若い力の発想とバイタリティーをテコにして、テクノメイトは新たな製品開発と市場開拓に挑戦していく。

｜わ｜が｜社｜を｜語｜る｜

代表取締役社長
芦田 春幸氏

お客様の要望をモノにして実現する喜び

当社は、「温度・圧力・流体を科学する」をテーマに、半導体製造装置周辺機器の設計、製作をはじめ、自動車、医療、計測機器などの部品や装置開発を展開しています。社員一人ひとりがプロ意識を持ち、専門性と技術を磨き、どこでも通用する人材育成をベースに、お客様の要望を実際のモノにして実現している会社です。お客様の喜ぶ顔が、我々の最大の喜びであり、やりがいでもあります。

この春から新卒社員を迎え入れ、新社屋での業務を開始したところです。当社には年齢や経験に関係なく、お客様の課題解決に向けて、自らの知恵と情報を活用し、設計開発段階からモノづくりに携われる醍醐味があります。特別の知識やスキルがなくても、モノづくりに対する好奇心と情熱を持って取り組む姿勢があれば問題ありません。自身の成長とやりがいを感じてもらえる環境があります。

会社 DATA

所 在 地：東京都八王子市左入町959-2
設 立：1994（平成6）年7月6日
代 表 者：芦田 春幸
資 本 金：1,804万円
従業員数：20名（2023年4月末時点）
事業内容：圧力制御機器、温度・流体制御機器等の設計・開発、製造
U R L：https://www.technomate.co.jp

トーヨーカネツ株式会社

革新的な技術と実行力で社会課題を解決する「ソリューションイノベーター」
——社会課題の解決に向けた未来の社会への価値提供により、成長路線の確立へ

ここに注目！

EC・空港分野で高いシェアを誇る「物流ソリューション事業」
カーボンニュートラル社会の実現に貢献する「次世代エネルギー開発事業」

トーヨーカネツ株式会社は、空港や物流センターの搬送システムを構築する「物流ソリューション事業」、原油やLNGなどのエネルギー貯蔵タンクのメンテナンスを手掛ける「プラント事業」、カーボンニュートラルの実現に寄与する次世代エネルギー向けタンクの開発を行う「次世代エネルギー開発事業」を中心に、社会インフラの発展を支え続けている企業だ。戦後、工業窯炉で培った溶接技術を生かしタンク建設事業に参入し、1952年（昭和27年）にはベルトコンベヤ事業に参入。その後も数々の新規事業への挑戦を継続的に行い、現在は環境事業を中心に第3の柱となる「みらい創生事業」の確立に取り組んでいる。

高能力・省スペース 入出庫システム　マルチシャトル（物流ソリューション事業）

エネルギー貯蔵タンク（プラント事業）

空港や物流施設の高度化への貢献と世界5,700基のタンク納入実績

「物流ソリューション事業」は、物流に関する様々な課題解決と業務の高度化実現により着実に事業領域を拡大し、今では同社の主力事業となっている。空港の手荷物受付・搬送業務では、現在、国内空港の約8割に同社のシステムが導入されている。同社の高機能な搬送システムが、手荷物の破損やロストバゲージが極めて少ない日本の空港の世界的評価を支える一因になっている。さらにEC分野では、商品ピッキングから梱包・ラベリングまでをワンストップで行うことができる「GP3（Goods To Person for Pick and Pack）」の開発や、「AMR（自律走行搬送ロボット）」を展開。省力化・効率化を軸に新たなソリューションを提供し続けている。

同社は、世界第2位のタンクメーカーとして、国内および世界各地に5,700基超の納入実績を誇る。「プラント事業」は原油・LNG貯蔵タンクなどのメンテナンスを展開し、「次世代エネルギー開発事業」はカーボンニュートラル実現に向け、石炭火力発電におけるCO2排出の大幅な削減に寄与する燃料アンモニア貯蔵タンクや、脱炭素の切り札として期待される水素エネルギーの貯蔵に向けた世界初の大型液化水素タンク、液化CO2貯蔵タンクの開発を進めるなど、次世代エネルギー

空港の手荷物搬送設備（物流ソリューション事業）

大型液化水素貯蔵タンクの実証実験装置（次世代エネルギー開発事業）

自然環境調査（みらい創生事業）

の実用化に向けて無くてはならない存在となっている。

未来へ向けた成長路線の確立

同社は、2024年度を最終年度とする中期経営計画において「未来へ向けた成長路線の確立」を基本方針に掲げている。「物流ソリューション事業」では、労働人口の減少に伴う社会課題の解決をテーマに、AIやIoT技術を活用して物流現場の無人化を実現するなど、物流プロセス全体のエンジニアリング、コンサルティングに事業領域を拡大していく。「プラント事業」では既存施設の高度メンテナンス事業を展開し、「次世代エネルギー開発事業」では次世代エネルギー向け等の貯蔵タンク建設のための研究開発を積極化していく。「みらい創生事業」では、すでに積極的なM&Aにより道筋をつけつつある環境ビジネスのさらなる拡大を目指していく。

同社は、M&Aや研究開発を中心に、現中計期間で、前中期経営計画期間の約2倍となる100億円規模の投資を計画しており、既存事業とのシナジーを高めて、持続可能な環境・社会づくりに寄与するサービスやソリューションの開発を進めていく方針だ。

トーヨーカネツグループの持続的成長力

創業来、トーヨーカネツグループは数々の革新的なソリューションを核に、社会インフラを支え続けてきた。昨年、経営トップに就任した大和田能史社長は「主力事業に成長した物流ソリューション事業はECを中心に市場の伸び代は大きい。プラント事業・次世代エネルギー開発事業はカーボンニュートラル社会に向けてビジネスチャンスの拡大が期待でき、環境ビジネスも大変注目されている。当社には未来に向かって挑戦しがいのある事業が揃っている。」と語る。社是である「わが社は常にすすんで よりよきものを造り 社会のために奉仕する」精神を胸に、トーヨーカネツグループは今後も様々な社会課題の解決を通じて成長を遂げていく。

|わ|が|社|を|語|る|

代表取締役社長
大和田 能史氏

「トーヨーカネツがつくる未来」～新たなソリューションで社会課題を解決

当社は、「ACTION FOR THE FUTURE～期待を超える実行力で、未来を支えるチカラになる～」を合い言葉に、カーボンニュートラル社会の実現や、少子高齢化、環境問題といった様々な社会課題の解決に向けて全力で取り組んでいます。物流ソリューション事業、プラント事業、次世代エネルギー開発事業、みらい創生事業は、どれもが社会貢献のために必要で重要な事業であると認識し、モノづくりの原点に立ち返って新しいソリューションを世に送り出すことがわれわれの使命です。

こうしたビジネスを全社一丸となって進めていくためにも、社員一人ひとりが夢とやりがいを持ち、社員同士が闊達に意見を言い合い、新しいことに臆することなく行動に移すことが不可欠です。そして、すべての社員が事業の成長を実感できる、そんなトーヨーカネツを目指してまいります。

会社 DATA

所 在 地：東京都江東区南砂2-11-1
設 立：1941（昭和16）年5月
資 本 金：185億8,000万円（東証プライム上場）
従業員数：単体：577名、連結：1,173名
事業内容：物流ソリューション事業、プラント事業、次世代エネルギー開発事業、みらい創生事業など
U R L：https://www.toyokanetsu.co.jp

◢東亜ディーケーケー株式会社

環境保全と医療に貢献する総合計測機器メーカー
――「産業のマザーツール」官公庁とあらゆる工場がお客さま

pH 計や PM2.5 測定装置、透析用薬剤溶解装置などで国内トップシェア
各国の法規制に対応した計測機器を海外 37 カ国に販売

物質に生じる電気化学の反応量を検出する電気化学センサをコア技術に、環境計測から科学分析、医療など幅広い分野で活躍している計測機器メーカーが、東亜ディーケーケー（東亜DKK）株式会社である。pH計は国内の清掃工場の排水水質測定器で半分以上、PM2.5測定装置などの環境用大気測定装置は国内シェア約6割、人工透析に使われる薬剤溶解装置は市場シェア7割（OEM含む）を獲得するなど、研究開発型企業として数々の独自製品を生み出してきた。製品は水道、電力、医療などライフラインを支える施設で使われており、取引先は官公庁をはじめ、幅広い業種の企業にわたる。環境保全と医療という世界共通の重要テーマに挑み続ける総合計測機器メーカーである。

環境から医療まで領域を拡大

2000年10月、東亜電波工業株式会社（TOA）と電気化学計器株式会社（DKK）という二つの計測機器メーカーが合併し、東亜DKKが誕生した。2024年10月には創業80周年を迎える。創業間もない1954年に、のちのベストセラーとなる卓上型pH計（2014年「分析機器・科学機器遺産」に認定）を発売したほか、63年には日本初の大気中NOx 計を開発して大気分析機器分野に参入、70年には日本初の河川水質監視装置を開発するなど、独自のセンサ技術による製品開発が特長だ。さらに1979年には臨床検査機器の発売で生化学・医療関連機器分野への参入を果たした。そして合併後の2005年には水質分析計の世界トップブランドメーカーである米国ハック社と資本業務提携を締結し、2018年にはメタウォーター株式会社より水道用水質計事業を譲受するなど、事業基盤を強化させている。

最大の強みは、水、大気、医療、ガスの4つの分野で、卓上機器からフィールド機器まで多様な計測機器を提供している総合メーカーとしての力と、開発、製造、販売からアフターサービスまで含めた一貫体制だ。特に目立つのが補修部品や保守・修理等アフタービジネスの売上比率。売上高全体の半分近くを占めており、機器販売だけでなく全国10カ所の営業拠点とサービス子会社によるきめ細かい顧客対応が、同社の収益安定化に大きく貢献していると言える。最近は、IoTを用いた遠隔監視、リモートメンテナンスが可能な水質計を拡販するなどアフタービジネスの拡大に注力している。そして成長分野として位置づけているのが医療分野。透析治療に関わる機器で実績を重ねてきたが、2017年に医療関連機器の新生産棟を稼働させ、透析用剤溶解装置の増産と新製品開発を加速化している。

「世界に選ばれる製品を生み出し、グローバルな競争力のあるブ

埼玉県狭山市に建設中の新生産棟のパース（2024年竣工予定）

EcoVadis（エコバディス）社のCSR評価で「ブロンズ」を獲得

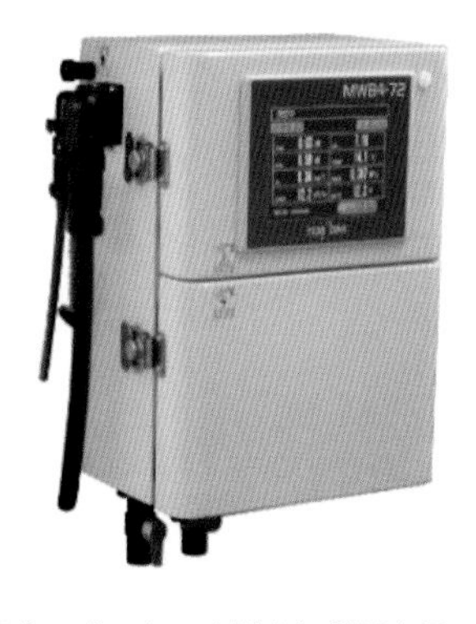

安全でおいしい水道水に必要な7つの検査項目を自動計測する装置で水道管路のいたるところに設置されている

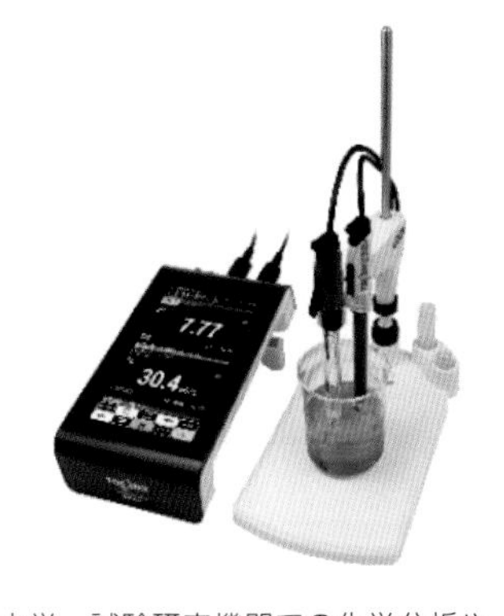

大学・試験研究機関での化学分析や、製造メーカーでの品質管理など主に実験室で使用される卓上型水質計

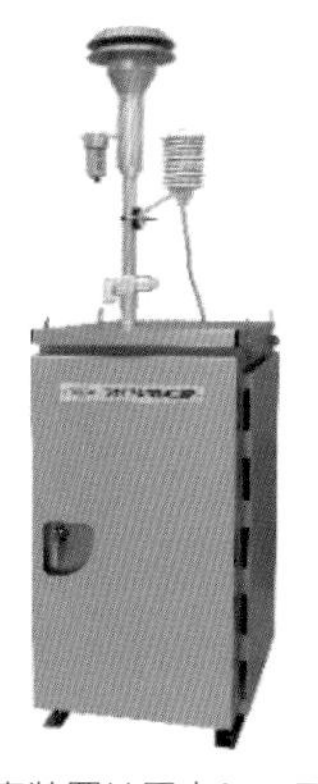

PM2.5測定装置は国内シェア約6割を誇り、韓国国家認証を取得するなど海外にも展開中

ランド構築を目指す」（高橋社長）として、環境規制が強化されつつあるアジアを中心に、各国の法規制に対応する製品を開発し、海外事業の拡大も掲げる。提携している米国ハック社の中国現地法人を通じて10年以上前から河川の水質モニタリング用水質計を販売し、累計販売台数は1万台を突破。そのほか、半導体設備投資の活発な台湾などでの需要取り込みや、インドでの大気汚染物質監視装置の拡販などにより、海外売上のベースを拡大中。

サステナビリティへの取り組みを深化

2023年にはEcoVadis（エコバディス）社のCSR調査において「ブロンズ」評価を獲得。「環境」、「労働と人権」、「倫理」、「持続可能な資材調達」の4分野におけるCSRへの取り組みが高く評価された。環境面では、脱炭素化の取り組みとして、再エネ電力への切り替えやJ－クレジット制度を活用し、グループ全社の使用電力から発生するCO_2排出量の実質ゼロ化を達成。また働きやすい職場環境づくりにも積極的に取り組んでおり、女性活躍推進優良企業「えるぼし（3つ星）」、健康優良企業「銀の認定」を取得。2022年度の月間平均残業8.5時間、有給休暇取得率81.2%と良好なワークライフバランスを実現している。東亜DKKは、働く環境の整備とともに国際的に活躍するための人材育成を通じて、地球環境の保全と人にやさしい社会の実現に向けて貢献し続ける。

| わ | が | 社 | を | 語 | る |

代表取締役社長
高橋 俊夫氏

開発投資倍増と生産体制拡充で売上高200億円へ

2022年度からスタートした中期経営計画に沿って、経営基盤をより強固にするとともに、売上高200億円に向けて大型投資を実行しています。開発投資額を倍増し、脱炭素技術（アンモニア・水素を燃料とした火力発電、バイオマス発電など）や農業や漁業の工業化などの新分野で求められる製品をいち早く提供していきます。さらに新製品の開発から量産化へのスピードアップを実現するマザー機能を持つ新生産棟を埼玉県狭山市に建設中です。またDXを推進し、従業員が付加価値の高い業務に集中できる環境を整備しています。これからも事業と従業員一人ひとりの成長の両立に取り組んでいきます。

会社 DATA

所 在 地：東京都新宿区高田馬場1-29-10
創　　立：1944（昭和19）年9月19日
代 表 者：高橋 俊夫
資 本 金：18億4,248万1千円（東証スタンダード市場上場）
売 上 高：連結：165億4千万円（2023年3月期）
従業員数：連結：569名　単体：378名（2023年3月31日現在）
事業内容：・計測機器（環境・プロセス分析機器、科学分析機器）の製造、販売
・医療関連機器の製造、販売　・計測機器の部品・消耗品の販売
・計測機器のメンテナンス・修理　・不動産賃貸事業

株式会社東京鋲兼

国内外におけるモノづくりを多方面からサポートするプロフェッショナル
——金属・樹脂部品の開発から、自動化・FA・設備投資支援まで高いプロジェクト対応力

海外 20 拠点超、世界の成長を取り込めるグローバルネットワーク

幅広い取引業種が示す長期安定性

2050年に現在のGDP対比で大きく拡大すると予想されている成長国、そのほとんどの国でビジネスを展開しているモノづくり企業が株式会社東京鋲兼だ。2017年以降に立ち上げた現地拠点だけでも、メキシコ・イラプアトのほか、中国・上海で2番目の工場となる川沙、ベトナム2拠点目となるホーチミン、タイ3拠点目となるシーラチャ、さらに米国第2拠点となるシカゴを加えた5拠点を数え、これにより生産拠点は全9拠点、海外の営業拠点は全15拠点となる。こうした海外ネットワークを活かし、各種締結部品や自動車・家電部品を軸に、多様な金属・樹脂部品を国内外に供給しているが、現在の海外売上高比率は55%超。まさに成長著しいアジアをはじめとする世界の成長を取り込めるグローバルカンパニーと言える。

幅広い取引業種に強み

グローバル展開力と並ぶもう一つの同社の強みは、幅広い取引業種を持つことだ。自動車、電機、機械を中心とする輸出立国で成長を遂げてきた日本。家電製品や電機通信機器の競争力が低下し、大手製造業の相次ぐ海外シフトで国内取引は低迷。さらに加速する自動車の電動化は、エンジン、ミッション関連を扱う国内自動車部品メーカーに、少なからず新分野開拓の取り組みを迫っている。

これに対し、東京鋲兼は、金属・樹脂部品だけでなく、カーボンや特殊素材などの様々な部品や企業のFA・自動化支援までを取り扱うことで、自動車関連40%、家電・OA関連25%、医療・情報通信・アミューズメント15%、住宅設備10%、産業機械10%と多岐にわたっている。取引業種が限定的な企業構造の場合や、系列色が強い取引構造の場合、主力業種が不調になったりセットメーカーが失速したりすると、企業業績への打撃は計り知れないが、幅広い取引業種を持

2023年にシカゴオフィスを開設

2020年から健康経営優良法人に選出

ハンドボール日本代表オフィシャルスポンサー

つ独立系のモノづくり商社である同社は、大企業を中心に3,500社以上の顧客基盤を有しており、不確定な時代にあってもその対応力は高く、長期安定性を発揮できるポジションにあると言える。

業界トップレベルの働く環境づくりに注力

2018年頃から、「働く環境を業界トップレベルにもっていく」（筑比地利昌会長）として、働く環境改革に力を入れており、2020年には、経済産業省が認定する健康経営優良法人認定制度において、「健康経営優良法人2020（大規模法人部門）」として選出されている。これは特に優良な健康経営を実践している法人を顕彰する制度であり、商社機能を有し、金属加工・製造を行っている業界初の受賞となる。それ以外にも、「大企業でもやるところが限られている」（同）とされる、数年おきの新たなiphone貸与や、様々な業務がリモートでできるリモートアクセス、時差出勤制度、レクリエーション施設・宿泊施設の割引制度・リゾートトラスト施設の利用、社内での飲み会交流費用の一部会社支給など、他企業ではあまり例を見ない福利厚生施策を数多く整備し、働き方や余暇の過ごし方の充実に力を入れている。

さらに、「働きやすさも重要なポイント」（筑比地会長）としており、取り扱う商材が幅広いため、オンラインのキャリアアップ教材や、社内の研修制度、自分が取りたい業務に関連する資格を受験する際、受験料を会社が負担する制度など、各種教育、研修制度を毎年拡充している。

創業80年を超え、100年企業としての歩みを進める中、環境（Environment）、社会（Social）、ガバナンス（Governance）を重視するESG経営の取り組みにも余念がない。環境やガバナンス強化はもちろんのこと、社会貢献活動として注目されるのが、東京都墨田区の文化振興への協賛や、ハンドボール日本代表のオフィシャルスポンサー。特に、ハンドボールは学生の競技人口がラグビーや水泳よりも多く、少子化の時代でも学生の競技人口が拡大しているスポーツで、これらを通じて心身ともに健康的に成長できる教育環境をサポートしている。今後も、グローバルにビジネスを展開する企業の一員として、企業が社会に果たす役割を見つめながら創業100年を目指していく。

わが社を語る

代表取締役会長
筑比地 利昌氏

「笑顔」と「ありがとう」を多く生み出す企業として

モノづくりと商社、どちらかの仕事に関心を持っている人は多いと思います。当社は、自ら製造を行い、モノづくりをする一方で、日本のモノづくりは大変幅広いため、大企業とプロジェクトを組み、多くの協力メーカー様と案件を作り上げる商社としての立ち位置もあります。また、各種部品だけでなく、人の代わりに作業するロボットや自動機に至るまで、扱っている業務領域が広く、得意先のニーズにお応えできるチャンスは多く存在します。東京鋲兼には、「ありがとう」といって頂ける機会を多く作り出し、お客様や一緒に仕事をする同僚、協力メーカー様の「笑顔」を増やしている先輩が多く活躍しています。ありがとうと笑顔の量は、仕事の面白さ・やりがいと比例しているのかもしれません。

会社 DATA

所在地：東京都墨田区横網2-5-14
創業：1941（昭和16）年5月
代表者：筑比地 利昌（代表取締役会長） 筑比地 邦明（代表取締役社長）
資本金：3億2000万円
従業員数：国内約300人、海外グループ会社約1000人
事業内容：各種金属部品・設備の製造、金属・樹脂等の工業製品の販売並びに輸出入等
URL：https://www.byokaneworld.com/

日東精密工業株式会社

精密切削工具のブローチで自動車量産部品を支える
——ブローチ、ゴム用金型、アルミダイカスト用鋳抜きピンの3本柱で躍進

自動化設備と人の技術を融合させたモノづくり
医療用製品などで拡大している精密ゴム金型の成長性

ブローチと呼ばれる棒状の工具を使い、金属の穴を決まった形状に整えるブローチ加工。自動車のエンジン部品やミッション部品の量産に欠かせない精密加工法として知られ、このブローチを長年にわたり作り続け、自動車生産を支えているのが日東精密工業株式会社だ。短時間で金属内部に精密な溝が彫れる便利な加工法だが、決め手となるのが刃物となるブローチ自体の精度と品質。少しでもブローチが狂えば、部品は結合しなくなる。近藤敬太社長は、「精度を出すために最後は人の技が要る。すべてを自動化できない所にブローチの難しさと奥深さがある」と言う。

粛々と技術を継承

かつては大手鉄鋼素材メーカーを中心に、多くの企業がブローチを製造していたが、そんな手間とニッチな市場性を嫌って撤退が相次ぎ、現在国内は大手2社と日東精密工業の3社のみ。世界的に見てもブローチのメーカーは数えられるほどしかない。自動車の電動化に伴い、将来的なエンジン、ミッション部品の縮小が避けられないとすれば、ブローチの需要も減る。ところが近藤社長は、「すべてがEVシフトするとは限らないし、車載用以外の需要もある。もともと当社の市場シェアは1割程度。市場がゼロにならない限り、しっかり技術を継承すれば、残存者利益を得られる」と、冷静そのものだ。

そこには自動化できないゆえの暗黙知の戦略がある。例えば、熱処理したブローチの矯正作業。棒状のブローチはミクロンレベルの直進性が求められるが、熱処理すると微妙な曲がりが生じるため、人の手で一本ごとに曲がりを矯正する必要があるという。まさに自動化とは相容れない経験とノウハウの世界が存在するわけだ。属人的な知識を嫌う大手と異なり、こうした人の領域に対する絶対の自信と、これを極め、継承していく覚悟が同社にはある。ブローチに携わる大手技術者の多くがリタイアするのを尻目に、生産の自動化とともに粛々と技術の継承を進める日東精密工業。さらに直営業を基本とし、特注品など顧客の要望に細かく対応できる点も強みになっている。すでに競合する大手から、一部ブローチの製造依頼が寄せられているという現実は、同社の生き残りを確信させるのに十分だ。

ブローチ以外にも、同社にはダイキャスト金型の主要部品である

創立50周年の際の社員写真
アットホームな雰囲気が特徴だ

埼玉県寄居町の本社工場

2019年より稼働している深谷第3工場

NC平面研削盤による作業風景

鋳抜きピンと、様々な分野の製品で使用されている精密ゴム金型があり、ブローチ事業と並ぶ同社の三本柱を形成し、ブローチ研削盤の内製、外販も行う。鋳抜きピンは、特定顧客向けの安定した収益を確保している一方、今後の成長ビジネスに位置付けているのがゴム製品用の金型事業。もともとは携帯電話のラバーキー用金型で事業を拡大したが、新型コロナに伴うワクチンのゴム栓需要が急増、「ようやく落ち着きを見せた」（近藤社長）としながらも、最近は医療分野の製品向けが増えている。車載用の防水、防振パッキン用金型など新規案件も獲得しているが、近藤社長は「携帯電話で培ったテンキー技術が当社の強み。クリック感は金型で決まると言われ、当社であれば顧客の要望に見合った製品を具現化できる」と強調、接点ラバーやキーパッドなどを軸に、多様な産業分野へ需要開拓していく。

知名度なくても誇りはある

社員数は現在116人。「すべての社員が頭に入っている」と言う近藤社長は、社員との打ち解けたコミュニケーションを日常とし、ときには「社員と近すぎると指摘される」ほど、社内の風通しは良いようだ。企業の永続を第一に掲げ、そのために目標に向かってベストを尽くし、組織の団結と技術の継承、変化への対応を呼び掛ける。中堅の社員が多いこともあり、今のところ技術の継承は順調だが、「若い世代が少なくなれば、それも危うくなる」として、若い人の採用を積極化している。

生産現場のDXが進むなか、自動化技術と人の技術の融合で成長を目指す日東精密工業。「大手企業のような知名度やブランドはないものの、当社のブローチがなければ、自動車産業は成り立たないという誇りはある」（近藤社長）。目と耳でモノづくりの本質を学び、手と知恵で自身の技術を極め、やりがいへとつなげられる現実世界がここにある。

|わ|が|社|を|語|る|

代表取締役社長
近藤 敬太氏

熟練の技と最新の設備を融合

当社は、自動車部品加工用の切削工具や精密ゴム金型、鋳抜きピンを製造販売する会社です。なかでも精密切削工具のブローチは、ニッチ市場ではありますが、自動車のパワートレイン系部品を作るのに欠かせない加工法であり、数少ないブローチメーカーの1社として、自動車産業の発展に貢献してきました。カギを握っているのが、人が介在する技術領域です。どんなに自動化、デジタル化が進んでも、人の技術を必要とするのが、当社のモノづくりです。幸い当社には、若い世代も多く、明るく、楽しく、誰もが学べる環境があります。そして自身の手で技術を極めることが可能です。熟練の技と最新の設備を融合し、さらに若い力を加えて、今後も高精度な製品を提供し続けてまいります。

会社 DATA

所 在 地	埼玉県大里郡寄居町桜沢1560-16
創 業	1966（昭和41）年12月5日
代 表 者	近藤 敬太
資 本 金	2,430万円
従業員数	116名（2023年3月末現在）
事業内容	精密切削工具の製造販売、各種金型製造販売、鋳抜ピン・中子ピン製造販売、各種切削工具販売、各種工作機械販売
U R L	http://www.nitto-p.co.jp

左記のQRコードを読み込んで「COCOAR」アプリ(無料アプリ)をインストールした後、アプリを起動し、画像にかざしてスキャンすると関連動画がご覧いただけます。
●有効期限：2023年4月30日より2年間

株式会社ハイオス

産業用電動ドライバーを軸にねじ締結分野の世界ブランドを構築
――デジタル家電製品から車載関連の生産ラインで活躍

ここに注目！

モノづくりの自動化を支える新ねじ締結「インタトルク」を提唱
知的財産権1500件超、常に時代の先を行く数々の新商品開発

ドライバーでねじを回す動きを想像してほしい。ねじ穴からビットが外れたり、なめたりするのを防ぐため、ドライバーを押し気味にして回すだろう。しかし、ねじはもともと回転の力を縦方向の力に変えるもの。本来ねじ締めに押す力（推力）は必要ない。そんな推力いらずのねじ締めを実現したのが、株式会社ハイオスの「インタトルク」だ。ねじの頭部を六角の星形形状にしたインタトルクは、ビット先端部に円錐型の傾斜ガイドを設け、自動的にビットがねじ中心の奥に誘導される仕組みで、真横にしてもねじは落下しないほどの嵌合性を持つ。このため回転の力だけでねじを締められる。いまこのインタトルクが、ねじ締め工程の自動化に最適なツールとして、大手自動車メーカーに採用され始めている。

ねじの重要性を唱える動きが出現

「50年に及ぶ取り組みがようやく芽吹き始めた」と語るのは、インタトルクを開発したハイオスの戸津勝行社長。ねじはモノづくりに欠かせないにもかかわらず、多くのメーカーは「安ければいい」と軽視してきた。ところが最近、「ねじの重要性を唱える動きが出始めている」（戸津社長）と言う。メーカーの安全意識の高まりもあるが、インタトルク採用の背景にあるのは、ロボットによるねじ締結の自動化だ。従来の十字ねじでは推力を必要とするから、これに堪え得るロボットアームは当然太くなり、相応のエネルギーも要る。一方の回転力しか要らないインタトルクなら、細いアームの小型ロボットで事足りる。設計の自由度も格段にアップすることになる。

しかもインタトルクは、ビットがねじに隙間なく嵌まるため、ビットの摩耗を大幅に縮減できる利点もある。「一般のねじなら1万回でビット交換するところ、インタトルクなら20万回はいける」（戸津社長）。ビット交換に伴うライン停止を大幅に減らすことができれば、自動化の機運は当然高まる。今後インタトルクは、ねじ締結が大幅に増える電気自動車（EV）を中心に、自動化やデジタル化を支える製品として注目されるに違いない。

創業50余年、ねじ締結分野で世界的トップブランドを築き上げたハイオス。同社の歴史は、ねじ研究の第一人者を自認する戸津社長の発明と苦難の歴史でもある。まずは会社設立のきっかけとなった「トツねじ」。頭のマイナス部中心に凹部を設け、ドライバーの横滑りを防ぐ画期的なねじを考案。さらに世界初の電動式ドライ

本社・コーポレートカラーのオレンジを基調としたショールーム

本社・ねじのイメージから生まれた螺旋階段がシンボルのエントランス

本社・スカイツリーが一望できる緑豊かな屋上庭園（BELS認定オフィス）

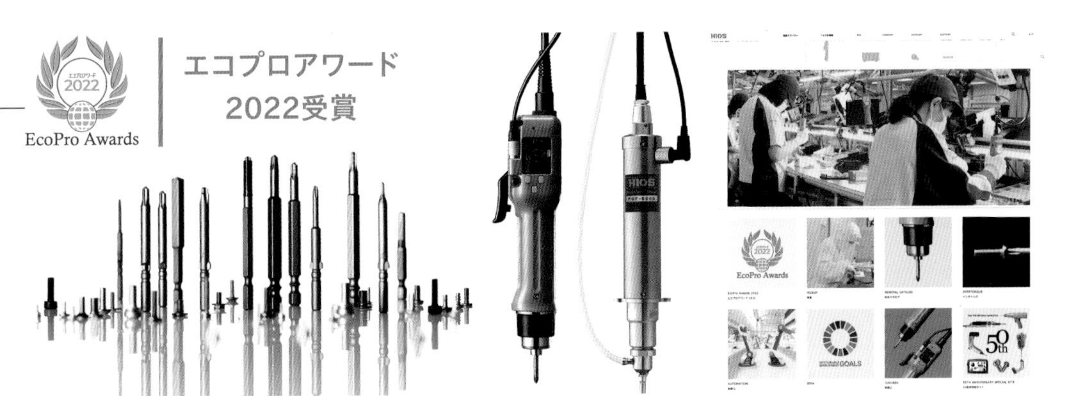

90カ国以上のモノづくりの現場をサポートするねじ締結システム　ウェブサイト

バーは、手締めから電動締めに切り変わり生産拡大に大きく貢献したほか、自動で精密なトルク制御が可能な締結工具として注目を浴び、同社飛躍の原動力になった。

ねじ締め改革の最終章

ねじ締めを人の勘に頼るモノづくりから、1本ごとに最適なねじ締めトルクを管理する時代を迎え、その先導役を果たしてきたのがハイオス。ねじの奥深さに取りつかれ、ひたすらねじの研究に没頭し、特許や実用新案など保有する知的財産権は1500件を超す。常に時代の先を行く製品を投入し、度重なる大手メーカーの参入を退け、ついにねじの世界にデジタルを呼び込んだ。戸津社長は「電動ドライバーやビットはあくまで道具。仕事をするのはねじそのもの。だからインタトルクの普及が、ねじ締め改革の最終章になる」と説く。

とはいえ、同社の挑戦はまだ続く。「環境、カイゼン、デジタルと、これから先の社会ニーズを見越して様々な知恵と工夫を凝らしてきた。デジタルはもはや現在のニーズ。次の狙いは脱炭素だろう」（戸津社長）。世の中のねじ締め不良を軽減してきたハイオスは、すでにワークや部材のロス削減に貢献してきたが、現在は製品の解体やリサイクルに着目し新たな製品を開発中。斬新なアイデアを次々に繰り出す戸津社長の表情は、次なる商品への期待感に満ち溢れている。

課題があるとすれば、後継者。戸津社長ほどに、ねじのことを知り尽くしている人間はいないからだ。「10年、20年やっていける材料は揃えてある。製品がしっかりしていれば。それが後継者になる」としながらも、「昨日は4件の特許を申請した」とか。奥へ奥へと続く同社のねじ研究に終わりはない。

| わ | が | 社 | を | 語 | る |

代表取締役
戸津 勝行氏

若い人の夢をかなえる舞台を用意

ねじの世界は非常に奥深いものがあります。50年以上、ねじはどうあるべきかを考え、新たな発想を求めてきましたが、まだまだ終わることはありません。テーマは山ほどあるのです。もはや「高い」、「安い」というねじの時代は終わりました。モノづくりもデジタルの時代を迎え、さらには脱炭素社会の実現に向けて、企業の課題は複雑多様化しています。これは当社にとっても大きなチャンスです。すでに10年、20年、30年先の技術のベースは作ってありますが、これからは若い人の力とともに、新たな技術を世の中に出していくことが必要です。ぜひ自分の夢を作ってください。自由な発想で理想を追い求めてください。小さくても、ねじとドライバーで世界一の当社には、若い人の情熱をしっかり受け止め、夢をかなえる舞台が用意されています。

会社 DATA

所在地：東京都墨田区押上1-35-1
設立：1970（昭和45）年3月9日
代表者：戸津 勝行
資本金：2,000万円
従業員数：100名（2023年3月末現在）
事業内容：ハイオスブランド電動工具類、トルク測定機器類及びねじ類等の開発、製造・販売
URL：https://hios.com

◢株式会社フェア

電子機器の製造をトータルで請負う技術集団
――ハードからソフトまで製品開発の全工程を一貫して受託

ここに注目！
新本社・工場棟の建設で、社員がのびのび働ける職場環境を実現
開発、製造、営業部門に総勢50名程度のエキスパートを配置

2022年6月、株式会社フェアの新本社・工場棟が竣工、稼働した。従来の本社ビルの隣接地にお目見えした鉄筋4階建ての建屋は、青い縦縞のグラデーションが施され、延べ床面積1,848㎡の明るく開放的な室内では、開発、製造、営業を軸とする社員約50人が、のびのびと業務に携わる。電子機器の設計開発から製造までを一括して受託するEMS（Electronics Manufacturing Service）で発展を遂げたフェア。新本社の建設は、同社の新たな成長を予感させている。

量産や短納期にも対応

「製品に関する工程を丸投げしたい」、「自社では製品の企画、販売に集中し、設計製造は委託したい」、「既存の製品が製造できなくなったので、新しい製品を開発したい」。多くのメーカーが抱えるこうした課題を、多様な技術でしっかり解決するのがフェアの真骨頂。製品の企画から、回路・ソフトウェア・機構・パターンなどの設計、パーツ調達、部品実装、製造・組立、検査までの各工程の一部、または全工程を一貫して請け負うことが可能だ。「設計から量産までできることが当社の強み。短納期であっても引き受ける。それを可能にする体制と布陣を備えている」と語るのは、関寛徳社長。設計、製造、営業の3部門で約50名の専門スタッフを配置し、最新の製造技術をもとにソフトからハードまで、内製で完結していることが大きい。

まずは営業部門が顧客の要望をヒアリング、次に回路設計、機構設計、ソフト設計、ハード設計などを担う開発部門のエキスパートが、ソフトからハードに至る商品設計を具体化していくのと同時に、営業部門が部品パーツの選定、調達を進める。汎用部品の多くは在庫しているが、国内外の幅広い調達ルートから最適な部品を調査、選定することが可能だ。製造・組立、検査、梱包工程を担う製造部は、クリームはんだ印刷機、自動マウンター、リフロー炉などの社内設備で部品実装したのち、画像検査、電気検査を行いハーネス加工、板金組立、基板取り付けなどを行って最終製品に仕

2022年6月に完成した本社新社屋

お客様のベストコストパフォーマンスの為に日々提案を行う営業部

技術とマンパワーでお客様のニーズに応える開発部

品質を守り抜く為に、職人集団がきめ細かい仕事を行う製造部

上げる。

関社長いわく、「開発は頭、営業は顔、製造は体。それぞれの部門で一人ひとりがその道のプロとして動き、会社という一つの体になっている」。2022年1月には、医療器機器製造の国際標準規格「ISO13485」の認証を取得するなど、医療機器分野の事業を強化しているほか、今後は産業分野のIoT化の動きに対応し、「これまでのハード寄りのソフト開発だけでなく、通信ネットワーク技術を含めたソフト領域を取り込んでいく」（関社長）方針だ。

多様な知識とスキルを学べる

そのためにも期待されるのが、若い人の力。数年前から東京工科大学の学生を対象にした就業体験プログラムを毎年実施し、数人が入社しているが、鈴木正人営業部長は「新本社の完成で新卒だけでなく、中途採用が格段にしやすくなった」とか。新本社による職場環境の刷新を機に、東京工科大学に限らず幅広く理工系学生の採用を積極化させる。フェアで働くことの魅力について、「自分で描いたものが世の中に出るという実感。大手企業のような一部の歯車ではなく、幅広いモノづくりのフィールドすべてに関われる。その分、多様な知識やスキルを学べる素地もある。自由な発想でゼロからできるという意味でも、モノづくりが好きな人には楽しい会社」（鈴木部長）と説明する。残業もほとんどなく、現行社員による紹介入社も多いことから、社員満足度は高いと言えるだろう。

入社後は、すべての社員に製造部門を経験してもらう。その後は当人の希望やスキルに応じた配置を実施するが、「モノづくりの全体を理解するためにも、製造技術の体験は不可欠」（関社長）と言う。最近は、始業時にはんだ付けのトレーニングを実施することも検討しており、電気技術のプロ集団として、電気機器の基本技術を疎かにしない姿勢が際立つ。将来的な自社製品開発の構想も抱きつつ、新たなステージへの挑戦が続く見込みだ。

|わ|が|社|を|語|る|

代表取締役社長
関　寛徳氏

若い人が先進的な技術を磨ける会社

「人と人をつなぎ、新しい製品を作り出す」というのが弊社です。これまでも制御装置や計測機器などの電子機器分野で顧客の要望を叶える新しい製品を生み出してきましたが、医療機器の品質を満たすことを示す国際規格「ISO13485」を新たに取得し、医療分野での領域を拡大しました。すでに超音波治療器や低周波治療器など、医療関係機器の受託も増えています。常に最先端の技術に触れることができ、製品製造の工程を一貫して受託する当社では、ソフトとハードの技術を全体的に俯瞰して見ることも可能です。様々な分野での製品開発に携わることができ、若い人たちが先進的な技術を磨ける環境です。新たな本社の竣工を機に、今後はIoT時代をにらんだソフト開発領域にも挑戦していきます。

会社 DATA

所在地：東京都東村山市秋津町2丁目25番地3
設立：1977（昭和52）年4月
代表者：関　寛徳
資本金：2,950万円
従業員数：50名
事業内容：電子機器・制御装置の設計から製造受託、電子部品調達・販売
URL：https://kk-fair.co.jp

株式会社フェローテックホールディングス

シリコンサイクルの中でも着実に成長発展を持続
——ニッチトップ／M&A戦略が奏功

ここに注目！
宇宙での利用が目的の「磁性流体」から独創製品生み出す
日本回帰、石川県や熊本県で、工場・サービス拠点新・増設相次ぐ

半導体関連を中核事業とし、各種の電子デバイス・産業機器を幅広く手がけているのがフェローテックホールディングスだ。その多くが、市場規模は小さくても高いシェアを持つ「ニッチトップ製品」であるのが大きな強みとなる。多数の製品群を抱えていることで、半導体不況が周期的に訪れるシリコンサイクルのダメージを緩和し、右肩上がりの成長発展を続けている。

同社の原点は1980年に米国企業（フェローフルイディスク社）の子会社として発足した日本法人。その後、親会社から独立し、さらに親会社を買収して今日に至る。現在の主力事業は半導体製造装置向けの部品・材料・消耗品・サービスの提供で、売り上げ全体の6割を占めている。代表的製品が、不純物のない密閉空間をつくるための「真空シール」だ。真空シールは米フ社が宇宙での利用を目的に生み出した「磁性流体」に基づく独創的な製品で、同社ニッチトップ製品の代名詞ともなる。

磁性流体は、磁石に引き寄せられる不思議な流体であり、機能性素材と言えるもの。活用分野は多岐にわたり、同社電子デバイス事業のスピーカー、アクチュエーター、センサ、スマホ等の製品にも用いられている。電子デバイス事業では、温度センサ、サーモモジュールなど熱や温度を制御する素子も得意としており、多方面に納入している。

米国生まれ、日本育ちで、中国で成長

同社製品のメーンターゲットとなる半導体製造装置は、中国、韓国、台湾が3大市場となっているほか、欧米各国にも有力顧客が数多い。そのため、1992年の中国進出以降、世界各地に製造・販売拠点を設立し、グローバル展開を加速させている。現在、中国国内11カ所に工場を持ち、米国、ドイツ、台湾、マレーシア、シンガポール、韓国などに、製造と販売を合わせて合計25の海外拠点を構えている。

賀賢漢代表取締役社長は中国で生まれ日本に留学し、早稲田大学、日本大学で学んだあと、フェローテックに入社した。「米国生まれの日本育ち」と言える同社は、入社間もない賀社長が指揮を執った中国進出を機に大きく成長した。

中国、米国、日本を熟知する賀社長は「ハングリー精神が根強いのが中国で、アイデアがあり自由なやり方を好むのが米国。日本は1990年代からは保守化し、競争力を失ってきた。中小企業などにいい技術はたくさんあるが、活かせていない」と見ており、各国の長所を”いいとこ取り”する経営を実践している。

その一つにM&A（合併・買収）戦略を挙げられよう。いい技術を活かし切れていないような企業を

熊本新拠点完成予想図

温調デバイス サーモモジュール

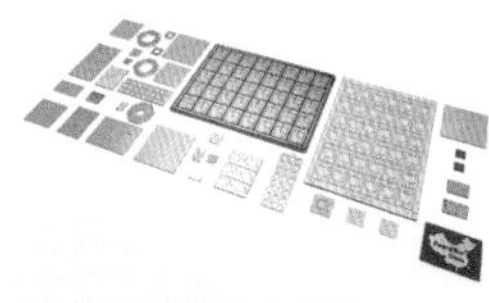
パワー半導体絶縁基板

セラミックス

真空シール

本社集合写真

製造現場

本社男性従業員

次々と買収し、買収案件の大半を成功に導いている。現在の主力製品である石英、セラミックス、シリコン、CVD-SiC（気相成長法による炭化ケイ素）などは、いずれもM＆Aの成果となる。賀社長はM＆A成功の秘訣を「文化が違う会社を一つにするのだから難しいのは当たり前。相手の視点に立って、何を一番欲しているかを知ることが何より大切」と解説する。

会社は学校。仕事しながら学ぶ

同社の売上高は前期（2023年

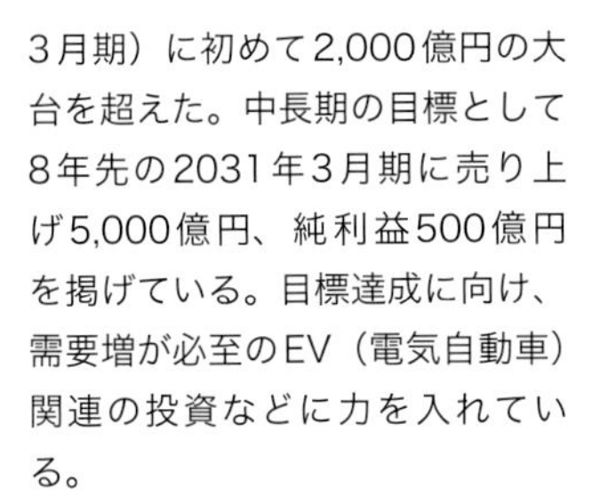

3月期）に初めて2,000億円の大台を超えた。中長期の目標として8年先の2031年3月期に売り上げ5,000億円、純利益500億円を掲げている。目標達成に向け、需要増が必至のEV（電気自動車）関連の投資などに力を入れている。

また、「日本回帰」も推進する。政府が国策として半導体産業の振興を打ち出したことに対応する措置であり、石川県白山市や、日本のシリコンアイランド＝熊本県大津町で、工場・サービス拠点を相次ぎ新・増設中だ。

高水準の企業成長および日本回帰が相まって、国内での人材獲得が喫緊の課題となっている。そのため、新卒と中途採用を並行して進めているが、賀社長は「日本の大学には優秀な学生が少なくないので、特に新卒学生にたくさん来ていただきたい」と期待を寄せている。

賀社長は日本留学の前に、中国・上海で教師をしたというユニークなキャリアの持ち主。自身の体験を踏まえて「会社は学校と同じ。どちらも、いかに人を育てるかが重要で、会社は仕事をしながら勉強するところ」と、会社＝学校の見解も披露する。

|わ|が|社|を|語|る|

代表取締役社長
賀（が） 賢漢（けんかん）氏

仕事はノープレッシャーで、笑顔で

多くの工場が稼働している中国をはじめとして、連結ベースで合計1万2,000人の社員が働くグローバル企業です。近年は成長に弾みがついており、2年前は1,000億円に届かなかった売上高が前期は2,000億円を上回りました。今後も高い伸びを見込んでいます。

日本回帰に今、取り組んでいます。そのシンボルとなるのが、熊本への進出です。県の熱意にほだされ、昨年3月に進出を決めました。多くのデバイスメーカーが集積した熊本は当社の事業と100％合致すると確信しています。

仕事観としては、仕事は趣味、遊びと同様、ノープレッシャーで笑顔で取り組むことが望ましいと考えています。そのためには文化が大切なので、良い文化、良い職場環境の醸成を、常に心がけています。

会社 DATA

本社所在地：東京都中央区日本橋2-3-4　日本橋プラザビル
設　　立：1980年9月
代 表 者：賀　賢漢（が・けんかん）
資 本 金：282億1,000万円（東証スタンダード上場）
従業員数：（単独）69人　（連結）12,177人（ 2023年9月30日現在）
事業内容：半導体等装置関連製品、電子デバイス、産業機器等の製造販売
U　R　L：https://www.ferrotec.co.jp/

左記のQRコードを読み込んで「COCOAR」アプリ（無料アプリ）をインストールした後、アプリを起動し、画像にかざしてスキャンすると関連動画がご覧いただけます。
●有効期限：2023年4月30日より2年間

◢株式会社フジムラ製作所

DXで創業以来赤字なし！「最強の町工場」
――デジタル板金加工技術でモノづくりを進化

ここに注目！
ICTを駆使して、モノづくりを「見える化」
「提案力・高品質・納期厳守」で、顧客から高い信頼を獲得

「ここが本当に町工場なのか？」。最先端の情報機器や工作機械が整然と並んだ作業現場に、広々と開放的なオフィス。株式会社フジムラ製作所は「ショールームのような町工場で社員が自慢できる会社にする」を掲げ、大胆な「ものづくり改革」に取り組んでいる。

同社の創業は2000年12月。藤村鎌介会長が長年職人として務めていた中小企業の廃業危機を受け、貯金をはたき中古機械を購入して十数坪のガレージを借りて独立した。しかし、思うように仕事を受注できず、これを見た長男でサラリーマンだった藤村智広社長が営業を手伝うことに。藤村社長が驚いたのは、請求書を送ると当然のように「もっと安くしろ」と値切りにかかる業界の慣習だった。

AI溶接ロボットを導入した新工場

Web管理により無人運転が可能に

オンライン受注で顧客獲得に成功

そこで、当時はまだ中小企業では珍しかったホームページを開設し、オンライン受注に取り組んだ。すると珍しさもあってか新規受注が入るようになり、マスコミから取材を受ける機会も増えた。ネットでは1個だけ、単価も数千～数万円という小口の仕事も多かったが、積極的に引き受けた。その代わり値引きはしない。

適正な価格を提示するためデジタル化で「見える化」を実現。手伝った当初は手書きだった見積書を、02年にパソコンの表計算ソフトでの自動作成へ移行する。07年には見積りソフトを本格導入し、工数や加工内容などの条件を入力すれば自動的に見積書が完成するようになった。社長を含め社員の誰がいつ作成しても、顧客に提示する見積り金額は同じだ。収益分岐点をベースに計算しており、適正価格で駆け引きしないためリーマン・ショックやコロナ禍などの景気後退期を含めて赤字は一度もない。

適正価格を維持できる背景には、裏付けとなる強みがある。それは受注の8割が1ロット10個以下という多品種少量生産だ。オンライン受注で業種を問わず仕事を引き受けた結果、原子力や医療、食品、半導体など幅広い業種からの受注に対応している。「フジムラに相談すればなんとかしてくれる」との信頼感を得て、現在800社近い取引先を持つ。業種

PCとタブレット端末を用いて工数管理する

現場で使用するPCをメンテナンス

細心の注意を払って品質をチェック

によって受注のピークは異なるが多業種の企業と取引があるため平準化ができており、同社としては繁忙期や閑散期がない。特定の業種に依存していないのでリスクヘッジもとれている。

取引先が多いのはメリットだけではない。顧客管理が煩雑になるというデメリットもある。そこで同社が取り組んでいるのがデジタル化だ。顧客との取引データはもれなく蓄積しており、価格だけでなく設計図や作業工程や検査などの全プロセスを「見える化」している。このデジタル化は品質向上にも役立つ。検査項目をデジタル管理し、基準を満たさない場合は修正して「品質を作り込んでいる」（藤村社長）と言う。

納期管理も社内教育もICTで「見える化」

納期管理もデジタル化した。一般に最終納期をゴールに設定することが多いが、同社はレーザー切断加工、ベンダーによる曲げ加工など工程ごとに納期を設け、デジタルで共有し管理している。その結果、途中の工程で遅れても後工程で取り戻して最終納期に間に合わせることができるようになった。同社での納期遅れはほとんどないという。

社員の技能教育も年間スケジュールとスキルマップをデジタル化。その時その時にやるべきことを「見える化」した。これに対応する外部講習と社内の勉強会を実施して、技能教育を支援している。

23年4月には第3・第4工場を新設する。既存工場と同じ加工を手がけるが、最新の工作機械を導入して生産能力を2～3倍に増強。新工場ではメーカーと共同開発中のAI（人工知能）溶接ロボットを導入している。ワーク（加工物）を置くと前段取りなしに自動溶接する最先端のロボットで、24年の本格稼働を目指す。溶接は熟練が必要で、人材不足が深刻化している。AIロボットは大きな力になるだろう。デジタル化による改革で、26年までに売上高を1.5倍に引き上げる。フジムラ製作所の挑戦は、これからが本番だ。

わ｜が｜社｜を｜語｜る

代表取締役
藤村 智広氏

「飽きない会社」として進化続ける

わが社は高精度デジタル板金の先駆者としてDX（デジタルトランスフォーメーション）に取り組み、給与を含めて「あんな会社になりたい」と言われるようなモデル工場を目指しています。年功序列型賃金を改め、実績数値や行動目標などを通じて技術で評価する人事制度にしました。社員教育も充実しており、マナー教育や資格取得などで年間600万円もの教育費を投入しています。サークル活動も盛んで、釣りやスノーボード、サバイバルゲームなど5つのサークルがあり、社内のチームワーク強化に一役買っています。常に新しい挑戦を続けることによって仕事のやり方や内容が毎年のように変わっており、「飽きない会社」として進化を続けていきます。

会社 DATA

所在地：埼玉県川口市領家3-12-10
設立：2000（平成12）年12月
代表者：藤村 智広
資本金：2000万円
売上高：16億円（2023年6月期見通し）
従業員数：110名（2023年現在）
事業内容：各種精密板金加工・NCタレットパンチング加工・レーザー加工・NCベンディング加工・プレス加工・スポット溶接・各種溶接・カシメ加工
URL：https://www.fujimurass.com/

◢株式会社ミヤコシ

少量・多品種・高品質対応の高性能印刷機を技術の力でつくり出す
――お客様との対話を重視しオーダーメードで提供、紙メディア以外の領域へ事業拡大

ここに注目！
業界トップシェアのビジネスフォームからラベル・包材・生活資材へ
欧州を皮切りにアジア・米国の販売網拡充、若くても活躍のチャンス

株式会社ミヤコシは戦後間もない1946年に設立した印刷機械メーカーだ。宮腰亨社長は3代目となる。最大の特徴は「お客様のために世界に1台だけの機械を提供」するオーダーメードの技術開発力であり、それを可能にする「お客様との対話と、納入後のアフタサービス」（宮腰社長）だ。

同社の代名詞は、伝票や明細書、圧着はがき、複写配送伝票、偽造防止カード、宝くじ、馬券・船券などのビジネスフォーム（BF）印刷機で、業界トップシェアを誇る。一方、紙メディア市場が少しずつ縮小しているため、ラベル・包材・生活産業市場に展開し、食品パッケージの薄くて柔らかいフィルムにも対応できるオフセット印刷機を実現した。2015年にはスペインに現地法人のミヤコシヨーロッパを設立し、欧州のワインラベル市場の販売強化に乗り出した。22年11月には設置環境と熟練オペレーターの感覚をAI（人工知能）化したラベル印刷機を開発、ラベル印刷機でも業界トップシェアを目指す。

SDGs対応の製品開発を次々に。AI搭載のラベル印刷機は23年度から出荷開始

ミヤコシは現在、主力の「BF、データ・プリント・サービス（DPS)」、進出を本格化している「シール・ラベル」、「軟包装・パッケージ」の3分野を重点市場として、デジタル機、アナログ機を両輪に、高性能な印刷機、加工機を提供する世界で唯一の印刷機メーカーを標榜している。宮腰社長は「お客様から要望のある印刷機を“一品料理”でつくる。ニッチだけれど、使い勝手は抜群にいい。ナンバーワンでなく、オンリーワンになればいい」と話す。

国連が採択したSDGs（持続可能な開発目標）を踏まえ、揮発性を有する溶剤を全く使わない軟包装フィルム向けのオフセット印刷機、安全性の高い水性フレキソインクを使用した印刷・加工機をはじめ、安全・安心な紙ストロー生産機、様々なサイズの紙製の袋を生産する機械などを次々に開発し、技術力の高さを見せつけている。特許取得件数は国内122件、海外131件（22年8月時点）に及ぶ。

ビジネスフォーム印刷機

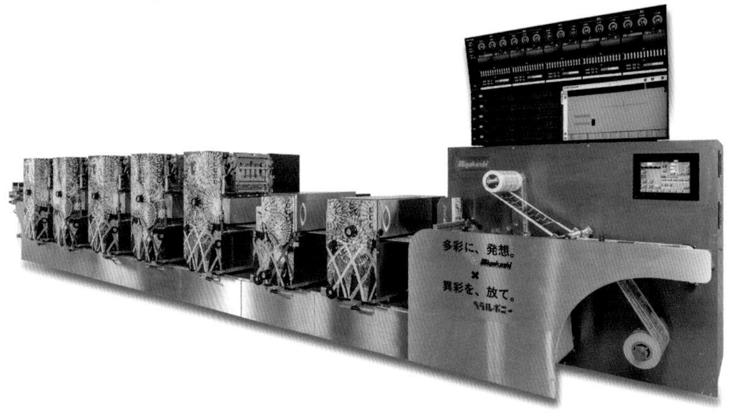

AI搭載ラベル印刷機

印刷業界は紙メディアからウェブメディアへの移行により厳しさを増しているとみられているが、同社の場合は「シール・ラベル」、「軟包装・パッケージ」が伸長しており、売り上げ増を維持している。AI搭載のラベル印刷機は23年度から出荷が始まる。

「売上比率は国内7割、海外3割」（宮腰社長）なので、海外市場にも伸びしろがある。「強化ポイントはアジ

壁面に飾られた数多くの特許証

サマーパーティーの1コマ

先進性のある本社外観

ア。中国、インドは現地の代理店との取り組みを強化している。米国はOEM（相手先商標）供給でやっていく」（同）と、アジア市場を強化する。

有休の未消化分は傷病時に30日まで使える。子育て支援・介護支援も充実

ミヤコシは千葉県習志野市津田沼に本社を構え、その他の国内主要拠点としては企画開発本部、ソリューションサービス本部を千葉県八千代市に、営業所を大阪、名古屋、福岡に、またグループ工場（一部営業・サービス併設）を秋田県の横手市・大仙市、福井県坂井市にそれぞれ置いている。基本理念である「お客様の喜び・満足を創造する、ものづくり集団」を土台に、「協調性を持って粘り強く努力する人、柔軟な考え方を持ち新しい分野にチャレンジできる人を求めている」（山田茂常務）。

社員の自己啓発のために、資格取得の際は会社が受講・受験費用を負担するほか、取得後には奨励金を支給している。有給休暇については入社初年度10日間、勤務日数に応じて最大20日間が付与され、有休の未消化分は40日を限度として保有できるほか、傷病時の長期療養積立として30日まで使えるようになっている。子育て支援、介護支援制度も充実させ、社員が安心して仕事に取り組めるような体制を整備している。このほか全国の保養所やアミューズメント施設の利用補助や、サマーパーティーなどの親睦会が行われている。

人事評価制度もきめ細かい。賞与については、半年ごとに立てた目標に対する達成評価を行い、昇給昇格については、職種・階層別に定義された役割評価を年1回行うなど適正に評価することで社員のやる気を促している。

仕事は知的財産・特許管理、海外を含む販売、設計・開発、保守・メンテナンスと多岐にわたる。印刷業界が転換期にあるからこそ、明日のミヤコシをつくる意欲ある社員を求めている。

わ｜が｜社｜を｜語｜る

代表取締役社長
宮腰　亨氏

100年企業に向けた挑戦を共に

当社は「衣・食・住」に着目した生活産業資材市場向けの印刷機製造を新たなコアビジネスとすべく、これまでの成功事例にこだわることなく、新たな成功事例の創造に積極的に取り組んでいます。そのためにも現状に満足することなく、将来の目標に向かって積極的かつ主体的に行動を起こせる人財を採用し、育てていく必要があります。設定した目標に向かって、挑戦を続けることができれば、個人としての成長につながり、結果として会社の成長にもつながっていきます。

ミヤコシは2021年に創業75周年を迎えました。それは一つの節目、通過点に過ぎません。10年、20年、そして創業100年に向けてミヤコシの挑戦は続きます。ぜひ、その輪に加わってください。働きがいを持って仕事に専念できるよう、全力でサポートします。

会社 DATA

所在地：千葉県習志野市津田沼1－13－5
設立：1946（昭和21）年5月
代表者：宮腰　亨
資本金：9,330万円
売上高：118億円（2023年3月期）
従業員数：115名、グループ全体545名（2023年3月時点）
事業内容：印刷機械の製造・販売・保守
URL：https://miyakoshi.co.jp/

ワッティー株式会社

「お客様のニーズに食らいつき、形にする力」で成長するイノベーション企業
——バブル崩壊後の「商社はずし」をテコに製造業への転換果たす

ここに注目！
後発メーカーながら、大手が真似できない独自の技術力を磨いて差別化に成功
業務スキルだけでなく、「人間力」も重視した人材育成システム

ワッティー株式会社はヒータとセンサの専業メーカー。フロートスイッチを始めとする液面レベルセンサや、ポリイミドヒータといった面状発熱体、高精度ホットプレートなどを開発・製造・販売している。

同社は1967（昭和42）年に、前身の商社として産声を上げた。当初は防災機器の卸販売を手がけていたが、その後は電熱器（ヒータ）と温度制御機器などの取り扱いも始める。創業者の清水美知雄氏は自身がヒータメーカーで設計・営業の仕事に従事したこともあって、いずれメーカーに転換しようと考えていたという。その機会は思わぬ形でやって来た。

「商社外し」の大ピンチをチャンスに

バブル経済の崩壊で、96年に顧客がコスト削減のために商社を外してメーカーと直取引をするケースが相次いだのだ。メーカー側も少しでも高く売ろうと直売化に踏み切り、代理店制度を廃止する動きが出てきた。さらに製品を仕入れていたメーカーの経営不振で、納品先の顧客が困る事態も多発。供給責任を果たすためには、製品を自社で作るしかない。

97年4月に株式会社ワッティーを設立し、ヒータをはじめとする半導体製造装置向けの機器製造事業へ参入することにした。しかし、いきなり製品づくりを始めたわけではない。98年4月にスピンアウトしたエンジニア3人を採用して相模原技術センター（相模原市）を開設。99年にはメーカーの社員を一部雇用してセンサ事業部を立ち上げた。先行するメーカーが量産している製品をつくっても、顧客には切り替えるメリットがない。「顧客ニーズはあるが世の中にないものをいかに具現化できるか」（菅波希衣子社長）がカギになると考えたのだ。

より良い製品づくりのために、ワッティーはエンジニアが顧客の現場に足を運び、求められる技術について話し合い、一緒に開発することにした。これは新たに始めたことではない。商社時代にも仕入先メーカーの技術者と顧客の現場に入り、共同プロジェクトで製品開発に取り組む「技術営業」は当たり前だった。要は商社だった同社がメーカーに置き換わっただけだ。商社時代の同社では営業社員に「調達の窓口になる購買部ではなく、設計部か開発部へ足を運べ」と指導していたという。

現場の「やりたい」を最大限に尊重する社風

菅波社長は「ヒトもカネも限られるため、ある程度の選択と集中が必要だが、事業部がやりたいということはできるだけやらせるようにしている」と話す。そのため

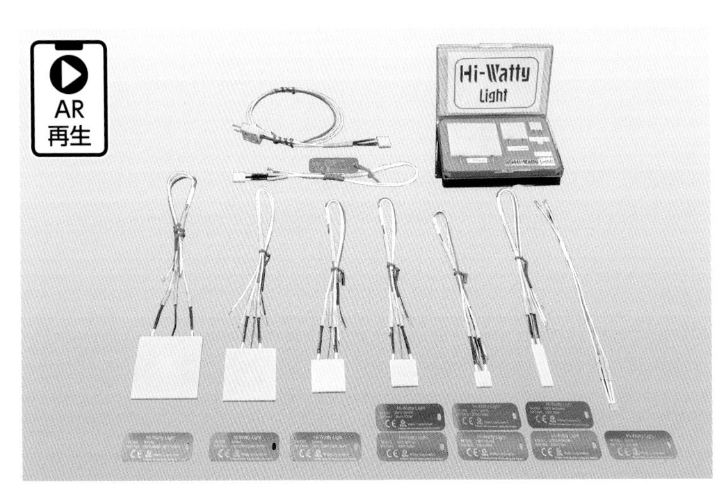

Hi-WattyLight

フロートスイッチ

創業50周年記念式典の集合写真

五反田にある自社ビル本社

には社内コミュニケーションの円滑化が欠かせない。社長自ら社員全員の日報に目を通し、職場の現状と課題を把握するようにしている。さらに年3回の個人面談を実施して、仕事への思いや希望を直接聴き、相談にものるという。菅波社長は「一緒にやってみよう」という視点での対話を心がけている。

ワッティーは顧客と社員がそれぞれ「こうありたい」ニーズとシーズを一致させ、ユーザーに満足してもらえる製品を提供できる会社を目指す。その一環として、人材育成に力を入れている。中でもユニークなのが「人間力向上支援金制度」。仕事に関係なく、新しいことにチャレンジする社員を支援している。内容は英会話や楽器、ダイエットなど何でもよく、費用の半額、最大10万円まで支給する制度だ。「チャレンジを始める」ことが目的だから、成果も求めない。

なぜ仕事と関係ないことに会社が支援をするのか？そこには「会社をつくるのは社員」との理念がある。仕事のスキルだけでなく、人間としての厚み（人間力）がなければ、会社の厚みも出ないからだ。高付加価値製品を提供するためには社員のモチベーションも重要。併せてベースアップを実施して社員への還元を進めるほか、社員食堂代わりに100円で果物や冷凍食品を提供するなど、社員の福利厚生も充実。職場満足度の向上に取り組む。

一緒に働く上で年齢、性別、国籍といった境界線はないとの信念の下、多様な意見や価値観を受け入れて、いつでも、どこでも、何でも、誰にでも、喜びや感動を与えられる「Deligh Top」の実現を目指す。

|わ|が|社|を|語|る|

代表取締役社長
菅波 希衣子氏

ニッチ領域で独自の技術を高める

他社に断られた案件でも「できる」「できない」はさておいて、先ずは「やってみます」と手を挙げる。それがワッティーのポリシーです。顧客のオーダーに一つひとつお応えすることで培われた信用や信頼があって、「一緒にこういう製品が作れないか」とのオーダーを頂けるようになりました。顧客からの難しい要望に必死に食らいついて期待に応えることで技術力を高める。心から顧客に育てていただいている会社だと思っています。大手メーカーが既存のラインや人員を割いてまで参入するメリットがないニッチの領域で、他社が模倣できないレベルまで独自の技術を高め、量産化に成功しています。ここにワッティーの「強み」があると確信しています。

会社 DATA

所在地：東京都品川区西五反田7-18-2 ワッティー本社ビル
創　業：1967（昭和42）年10月1日
設　立：1968（昭和43）年5月23日
代表者：菅波 希衣子
資本金：9,500万円
従業員数：177人（2023年3月末現在）
事業内容：防犯・防災機器販売、半導体製造装置用ヒータユニット及び各種センサの開発製造販売
URL：https://watty.co.jp

左記のQRコードを読み込んで「COCOAR」アプリ（無料アプリ）をインストールした後、アプリを起動し、画像にかざしてスキャンすると関連動画がご覧いただけます。
●有効期限：2023年6月1日より2年間

株式会社アセンド

電話を先進デジタルツールに変貌させ急成長、24年に株式上場へ
——始業10時のフレックスタイム、社員還元・福利厚生充実で頑張れる環境つくる

ここに注目！

20カ国語に自動翻訳、合成音声化が可能なAIツール開発
自社製品・サービスに特化し、売り上げの3分の1は安定したストック収入

昔ながらのコミュニケーション手段である電話はアナログ音声のやりとりがデジタル化され、IP（インターネット・プロトコル）化が進んだ。株式会社アセンドは2012年、1時間に最大200万コールの大規模調査が行える自動コールシステム「MEGA-CALL」を開発し、市場調査、選挙調査、リコール対応、債権督促などの業務を効率化した。17年にはコールセンター向け顧客管理（CRM）システム「Omni Contact」を開発し、営業生産性を向上した。さらに20年にはアンドロイド搭載のIP電話機「Omni Phone」を開発、23年には外国語の電話を主要20カ国語の中から自動判別し、翻訳機能によって合成音声で対応する自動音声応答システム（IVR）のウェブツール「Omni Customer Control」を開発した。これに伴い、業績は右肩上がりの成長を続けている。

人間がより複雑で情緒を必要とする業務に専念できるような社会を目指す

アセンドの佐藤博社長は「今後数年で、粗大ごみやライブチケットの受け付けなどの簡単な業務はオペレーターではなく、AI（人工知能）が対応できるようになるだろう」と予測する。目指すのは「人が、より複雑な業務、情緒を必要とする業務に専念することで、さらにコミュニケーションが密になる社会」（佐藤社長）だ。

実際に「Omni Customer Control」では、日本経済活性化の期待が大きい訪日外国人旅行客のインバウンド需要を見据え、自治体や旅行会社、観光事業者、通販事業者、保険会社などの業務をコミュニケーションAI（人工知能による音声自動応答、音声自動対応）で代替する。IVRのプログラムはドラッグ＆ドロップで簡単に作成、編集できるのが特徴で、特許を出願している。

また、このウェブツールは自動翻訳IVRのほか、全通話の自動録音、通話内容の文書化、着信の任意分配、営業時間外アナウンスなどのさまざまな効率化ツールを盛り込んでいる。また、アプリをインストールすることで、スマートフォンからオフィス電話と同様の機能を利用できる。これにより、テレワークや外出中でも、オフィス同様の電話対応が可能になるうえ、社内連絡やリスク管理が容易に行えるようになった。IVRは今後さらにAIの精度を向上させ、多言語のボイスボット（自動会話プログラム）なども実現する計画だ。このほかアセンドでは22年、介護施設や飲食店などの電話によるトラブル防止に向けて、安価な通話録音サービス「Re-cACE」も開発している。

ロケーションフリーで、通話録音・営業時間設定・着信設定などが簡単に行える「Omni Phone」（左）と「Omni Phone Mobile」

アセンドの東京・池袋コールセンター。自社でもコールセンターを展開している

アセンドの本社受付。奥には特許証がずらりと並ぶ

アセンドの成長を支える（左から）藤澤修一取締役、天神覚副社長、藤﨑洋一取締役

多数の社員が参加したスキー旅行（2023年2月）

21年12月期まで10期連続増収、新システム視野に売上高50億円へ

アセンドで特筆したいのは、社員を思う気持ちだ。10時始業ベースのフレックスタイムで、コアタイムは11時〜15時とし、それすらも柔軟に運用している。開発担当の執行役員の母校である韓国の永進（ヨンジン）専門大学から毎年新卒を採用し、韓国人の社員が10人ほどいるが、国、地域ごとの給与格差は全くない。医療保険は会社持ちで支払い、コロナ禍で社員から感謝された。22年12月に3年ぶりにほぼ全社員が参加して開催した忘年会や、同じく3年ぶりに23年2月に実施したスキー旅行は会社の全額補助。そのほか、沖縄の開発拠点のすぐそばに一軒家を2つ借りており、社員に無料開放。さらに小型船舶を所有しており、同社には一級小型船舶操縦士が5人もいる。佐藤社長は「いかに社員が頑張れる環境をつくるかが経営の本質」と説く。

同社は自社製品・サービスに特化し、強い商品力を武器に21年12月期まで10期連続で過去最高の売上高を更新した。22年12月期は株式上場のための費用がかさみ、減収減益を余儀なくされたものの、23年12月期は再び過去最高の売上高を計画し、併せてほぼ1年遅れとなった株式上場を予定している。佐藤社長は「AIと自動化の仕組みを使い、コールセンター事業の人手不足を補っている。将来的には通販のコールセンターなどに広げるとともに、テレビ電話の新しい使い方も提案し、売上高50億円を目指す」と言う。「毎月の安定したストック収入で売り上げの3分の1は入ってくる」（同）と、経営体質は強く、社員を大切にする社風とあいまって順調に成長し続けるだろう。

|わ|が|社|を|語|る|

代表取締役
佐藤　博氏

毎朝行きたい会社をつくる

アセンドのモットーは「毎朝行きたい会社をつくる」ことです。社員が生き生きと働くことのみが、会社を成長させ、結果的にステークホルダーに還元できると信じてやってきました。そのためにも社会が必要とするシステムを開発、発展させていきます。

2011年2月に川崎コールセンターを開設した直後に、東日本大震災が発生し、同センターの業務は6カ月間ストップしました。翌年に入社してくれた天神覚氏（現副社長）らの頑張りによって自社製品開発・サービス会社へと舵を切り、社員数も増えました。

そこで、何が会社を成長させるのかを考えるようになり、会社は社員が頑張れる環境をつくり、社員は生き生きと自分の仕事に情熱を持って取り組むことがすべての始まりと思い至りました。

毎朝行きたい会社をつくることを起点に、成果は社員に還元し、社員がさらに成長してくれることを願っています。

会社 DATA

所在地	東京都新宿区西新宿1－21－1　明宝ビル5階
設立	2003（平成15）年12月12日
代表者	佐藤　博
資本金	3,700万円
売上高	26億2,700万円（2022年12月期）
従業員数	正社員112名、パートタイマー100名（2022年12月時点）
事業内容	顧客管理（CRM）とコンピューター・電話統合（CTI）システムの開発・運用、電話による世論調査・支持率調査、コールセンターDX
URL	https://www.ascend-corp.co.jp/

ウォンテッドリー株式会社

「共感」で企業と人を結びつけるビジネスSNS運営企業
――自由な社風と風通しのよさでクリエイティブな事業を展開

賃金や待遇だけではなく「企業の価値観」の共感でマッチング
次の課題を常に考え、顧客に問いかけながら「使ってもらえる」サービスを提供

究極の適材適所により、シゴトでココロオドルひとをふやす。それがウォンテッドリー株式会社の目指すミッションだ。日本にも多数の採用サービス会社は存在するが、同社は「企業の価値観」を元に、職場と働く人を共感マッチングで結びつける稀有な存在だ。

同社の設立は2010年9月、仲暁子社長が「ただ時間の切り売りをしてお金をもらう働き方で本当にいいのか？」との問題意識から起業した。仲社長は自らの体験から「共感し没頭できないと結果が出ない」と痛感。そこで「共感軸での出会いの創造」「つながりの構築」「つながりの活用」をワンストップで提供するビジネスSNSを立ち上げることにした。

「サービスを提供したら、終わり」ではない

目標はテクノロジーを活用して「シゴトでココロオドル人」が多数派になる世界を実現すること。同社は、シゴトでココロオドルためには、仕事に没頭することが重要と考えると話す。さらに仕事に没頭するためには「共感」、「自律」、「挑戦」が重要と捉え、この3要素を満たす「究極の適材適所」との出会いの創出を使命としている。サービスを利用する企業側にとっては、多様な求職者や、まだ転職を本格的に考えていない転職顕在層とも早期から接点を持てることが魅力だ。そのため大企業から中小企業まで同社のサービスを利用する企業は多い。求職者側も、企業からスカウトを受け取ることができるため、これまで知らなかった企業と出会うことができ、選択肢が広がるというメリットがある。

同社は何よりもユーザー視点を重視している。同社にとって、企業や求職者に自社サービスを利用してもらうことがゴールではない。常に「次の課題」を考えて、企業が採用し、求職者が採用された後に、両者が「どうなりたいのか」を問い続けている。そこで「ユーザーの声をすべて聞く」ではなく、毎回自分たちの仮説をマーケットやユーザーに問いかけて「使ってもらえるモノを作る」に取り組む。

同社はスピード感を重視している。長々と議論をするより、たとえ失敗しても早く実験して実証する姿勢を貫く。だから社内の風通しを良くする工夫を怠らない。代表的な取り組みは、仲社長と食事をしながら直接話せる「カルチャーランチ」。社員がトップの考えを、社長が現場の思いを、それぞれ直接知ることができる貴重な機会となっている。

組織の壁を取り除く「仕掛け」がいっぱい

毎週金曜日には自分たちの仕事の取り組みや成果を発表し、情報の共有化とフィードバックができる「デモデイ」を開催。さらに毎月1回、「オールカルチャーランチ」を実施。これは1つのお題について全社員がチームに分かれてランチを食べながらディスカッションし、最後に発表し合うもの。普段一緒に仕事をしないメンバー同士で話ができるため、仲が深まるきっかけとなっているそうだ。このように、社内コミュニケーションを活発化させるための工夫が何重にも設けられている。

同社では、技術を磨くための活動にも力を入れている。例えばエ

スタッフの憩いの場になっているオフィス

フラットな雰囲気の中で開発に没頭できる環境

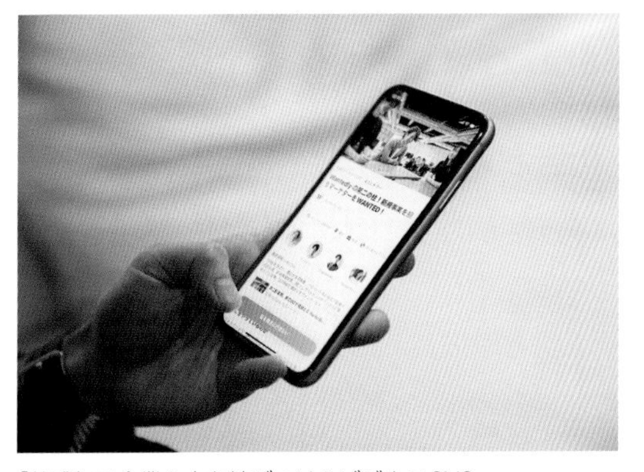

「共感」で企業と人を結びつけるビジネスSNS

ンジニアを対象に、自分の好きな技術について発表する「テックランチ」を毎週実施。テックランチは毎回様々な内容のテーマで行われ、各エンジニアが自分たちの好きな技術、得意な分野に沿った発表を行い、技術に関する知見の共有や取り組み方についての助言などを得られる。技術に対する探究心が強い開発組織だからこそ実現できるカルチャーの一つである。

また、開発プロセス、技術の情報を発信する文化が非常に根強いという。

例えば、ソフトウェアエンジニアを主な対象読者として技術に関するノウハウを社内外に公開している“Wantedly Engineering Handbook”という1冊の本がある(WEB版/物理本)。

これは、組織構造、アーキテクチャ、要素技術、リリース戦略、コミュニケーションチャネルと多岐に渡る知識を開示することで、開発面でのオンボーディングの道標や、仕事をより効率的にできるようになる一助となることを狙って作成されたものだ。

人材育成はウォンテッドリーの生命線だ。同社はクリエイティビティーを最大限に発揮し、意思決定を迅速化するため、一人ひとりが裁量を持ち、自律して働ける環境になっている。

これはインターン生も同様で、エンジニアインターンの場合は、取り組む課題の多くはプロダクトのさらなる成長において非常に重要なものが多く、内容によっては、取り組んだ開発がそのままプロダクトに反映されることもあるそうだ。このほか、社員の成長を促すために、自社のコンピテンシーを作成し、社員教育に活用している。

こうしたオープンな「仕掛け」が人材を育て、ウォンテッドリーのサービスを進化させているのだ。

|わ|が|社|を|語|る|

代表取締役 CEO
仲 暁子氏

チャレンジングなフェーズに

私たちは「究極の適材適所により、シゴトでココロオドルひとをふやす」をミッションに掲げて活動しています。ビジネスSNS「Wantedly」を中心にサービスを展開しており、最近では、エンゲージメントサービスといった新事業も開始するなど、非常にチャレンジングなフェーズにあります。これを読んでくれている学生のみなさんが日本の、世界の未来を創っていきます。キャリアには正解はなく、自分が納得行くキャリアを歩むためには、行動し、自分の向き不向き、好き嫌いを発見していくことが重要です。ぜひ一度Wantedlyで色々な会社について調べたり、話を聞きに行ったり、インターンシップに参加したりしてみてください。それがあなた自身にとって、ココロオドルキャリアの一歩目になるでしょう。

会社 DATA

所 在 地：東京都港区白金台5-12-7 MG白金台ビル4F
設 立：2010（平成22）年9月
代 表 者：仲 暁子
資 本 金：2億5,807万円（東証グロース上場）
従 業 員 数：108名（2022年8月時点）
事 業 内 容：ビジネスSNS「Wantedly」の企画・開発・運営
U R L：https://wantedlyinc.com/ja

エイムネクスト株式会社

企業と社会の課題解決に貢献するコンサル&エンジニアリング会社
――先進のIT技術とコンサルの融合でスマートファクトリーやスマートシティを推進

AI や IoT 技術で次世代の産業社会を見据えた経営スケールの大きさ
多国籍かつ高度な専門技術者が織りなす先進のソリューション

福島県大熊町の特定復興再生拠点に位置するJR大野駅。2022年6月、東京電力福島第1原発事故による避難指示が解除されたが、復興のバロメーターとなるのが大野駅の利用者数。東京大学の復興支援事業の一環として、この無人駅の乗降客数を正確に識別できるように採用されたのが、エイムネクスト株式会社のAIカメラ技術だ。エンジニアリングとコンサルティングを融合させて様々な課題解決に取り組む同社の復興支援は、隣接する河内村のワインプロジェクトにおける農業IoTにも及び始めている。

「宮崎県高鍋町のスマートタウンがショーケースになっている。すでに数百人が視察に訪れ、高鍋の取り組みが他地域にも広がりつつある」と語るのは、2001年にエイムネクストを立ち上げた清威人社長。2018年に高鍋町とIoTに関わる協定を締結したエイムネクストは、低消費電力で遠距離通信を行えるLPWA通信をベースに、高齢者見守りサービス、農業の栽培管理モニタリング、河川水位監視サービス、さらには学校を連携させた熱中症アラートなど、これまで10を超えるアプリケーションを開発、実装し、高鍋町のスマートタウンを先導してきた。IT人材を養成するため、町民対象の教育センターの開設をサポート。小学生にプログラミングを教える講師の派遣から、機器の導入に至る全般を同社が引き受けた。清社長は、「コンサルに加え、アプリ開発やハードを含めた機器開発、さらに人材教育までカバーできる当社の総合力が生かされた」と、強調する。

社内にあるスマートファクトリーを実演できるデモ機

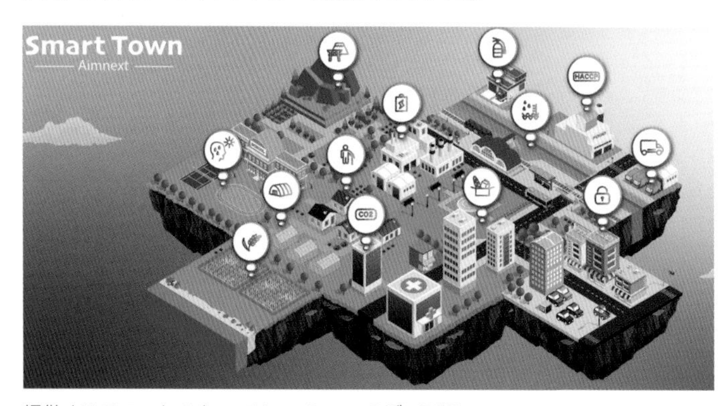

提供するスマートタウンソリューションのデモ画面

専門知識を有する多彩な社員が活躍

もともと同社は、最新のAIやIT技術を用いた企業の新製品開発やシステム導入支援、あるいは既存システムの再構築による付加価値創出など、企業向けのコンサル&エンジニアリング業務をメインにする。「スマートファクトリー」をいち早く提唱し、次世代生産プロセスの第一人者となった清社長をはじめ、F1マシンのデータ収集システムの開発に従事していた人物や、世界最大の有機ELパネルの開発に携わったスタッフなど、専門知識を有する多彩な社員が活躍。一般のコンサル会社やシステム会社と異なり、「電子回路を設計したり、組込みソフトを開発する事が自社内で可能なので、必要があれば市販されていないIoT機器を自社で製作してしまうこともある」(清社長)。自前の製品化技術を持つことで、他社には真似できないハード・ソフトあわせたソリューションを迅速に具現

エントランスには在籍社員の国旗が並ぶ

社員誰でも閲覧可能な、千冊以上に上る書庫

道を創る事をイメージした同社のロゴマーク

化できるというわけだ。

ほかにもサプライチェーンマネジメント（SCM）推進やITアウトソーシング＆システム開発、コスト削減、人材育成、海外進出支援など幅広い業務支援サービス展開する一方、中国、ベトナムに現地拠点を構え、グループ全体の外国人比率は約4割。海外を含めた顧客は延べ500社を数える。最近は、複雑化してしまったシステムを整理、再実装してパフォーマンスを改善するサービスなど、ソフトウェアエンジニアリングの依頼が増えているが、清社長は「企業の課題だけではなく、今後は社会の課題解決にも積極的に取り組む。どちらの課題も切り離して解決できない世の中になっているからだ。社会課題の解決に取り組むことは、当社の将来性を広げるものになる」と言う。

新入社員は専門書70冊を6年間で読破

現在、同社にはソフトウェア系や通信系などの専門技術者が数多く在籍するが、こうした成長戦略を実現するためにも、多様性に富む人材の確保と育成が欠かせない。すでに国内の新卒採用では、大手企業の水準を遥かに上回る初任給を設定しているほか、社員の成長を支援する仕組みや制度の充実ぶりが際立つ。ビジネス全般や技術に関する広範囲のキャリア研修を用意するとともに、社員同士で互いの成長を促す自主的な勉強会活動もある。特に新入社員は、幹部が選んだ各分野の専門書70冊を6年間で読破する取り決めで、ITエンジニアリングとコンサルティングの両面で磨きをかけられる。

様々なキャリアを持つ社員と、何にでも挑戦する企業風土で独自のビジネス領域を構築してきたエイムネクスト。「いざとなれば、幹部も社員と一緒になって現場で汗をかく。現場感のある経営が強みでもある」と言う清社長。企業と社会の課題解決に向け、今後もフラットな組織運営をベースにした軽快なフットワークで立ち向かう方針だ。

わ｜が｜社｜を｜語｜る

代表取締役社長
清　威人氏

ITもビジネスも学べる土壌がある

当社には、多種多様な分野で活躍してきた多くの専門家がいます。何でもやってしまう当社の原動力であり、当社のようなビジネスを展開している企業は他にないでしょう。そして当社の事業フィールドは企業のみならず、社会全体をより良い方向へ導くための領域へと広がりを見せています。企業や社会の課題を解決する当社の業務を通じて、ぜひ自分のキャリアを磨き、仕事の成果を実感してください。当社にはITもビジネスも学べる土壌があります。文系であっても心配無用です。社員の半分程度は文系出身ですし、何より入社から活躍できるまで、落ちこぼれさせない体制があります。大企業と異なる顔がわかる環境で、信頼関係をもって仕事に打ち込むことが可能です。

会社 DATA

所在地：東京都港区芝1-10-13 芝日景有楽ビル7F
創立：2001（平成13）年10月22日
代表者：清 威人
資本金：2600万円
従業員数：連結：110名　単体：75名（2023年4月現在）
事業内容：業務コンサルティング、ソフトウェア開発・運用、システム開発・運用、教育サービス、労働派遣事業など
QRコード：http://www.aimnext.co.jp

セイコーソリューションズ株式会社

IT事業を幅広に展開し連続増収増益を継続
――ハードとソフト、既存と新規の“両利き”が奏功する

ベンチャー志向と多様性重視が成果生む
デジタルトラスト、メタバースなど成長分野に進出

セイコーソリューションズ株式会社は社名が示す通り、世界有数の時計メーカーであるセイコーグループの1社。セイコーグループは現在、グループ全体で「ソリューションカンパニー」の転換を図っており、3つのドメイン（領域）で事業を展開中。同社はその中でもIT事業領域である「システムソリューション」ドメインを担っているグループの中核会社。

「選択と集中」はしない

「セイコーソリューションズとは？」を説明するのに格好のキーワードが三つある。順番に見ていこう。

キーワードその1は「両利き経営」。右利き、左利きの両手使いを表す「両利き」と「経営」を組み合わせたこの造語は、既存事業と新規事業の“二兎を追う”を意味する。関根淳社長は「両利き経営とは」の説明に、経営学の教科書に出てくる「選択と集中」を用いる。当然、選択と集中を実践していると思いきや、「選択と集中はしない」のが関根流だ。その意図は、新規事業の探索や多角化に努め、高成長および次期収益基盤の獲得を目指すというものだ。実際、この3年ほどで、同社の事業象限（事業分野）は7象限から16象限へと倍増している（左下図参照）。

第2のキーワードが「ストックビジネス」だ。同社では、顧客との継続的な関係に基づき、売り上げが安定・持続するストックビジネスを、事業の中核をなすものと捉え、その拡大・発展を図っている。顧客と良好な関係を保ち続けるには、顧客企業それぞれが抱える課題の解決が欠かせない。そこで、AI（人工知能）を活用するなどで「ベストの解」を発見し提供してきている。それらの成果として、現在、全事業に占めるストックビジネスの割合は7割弱に達している。

キーワードその3は「ベンチャー志向」。関根社長は「ベンチマーク（比較基準として意識）しているのは大手企業ではなくベンチャー企業」と言い、ベンチャー特有のフラットで多様な小集団づくりを標榜し実践している。関連して、M&A（合併・買収）にも積極的に取り組んでいる。バックグランドが異なる人材を集め、多様性（ダイバーシテイ）を高めるのが狙いの一つとなっている。

祖業の蓄積を生かす

多種多様な同社事業の中から、ユニークで見逃せない事業をいくつか取り上げてみよう。まず、

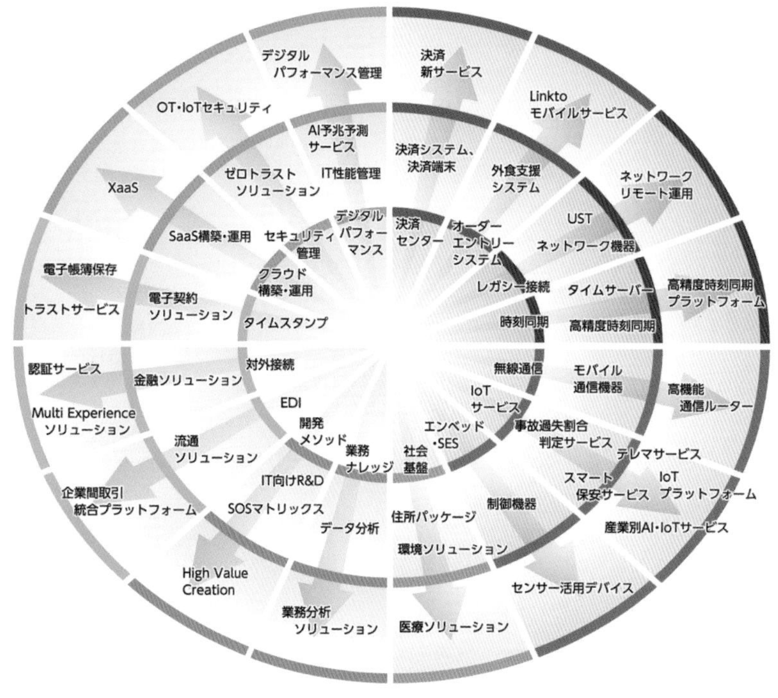

多様なITソリューションを展開

国内発行数3億スタンプを超え、国内シェアNo.1のタイムスタンプサービス

遠隔から注文・オンライン決済が簡単にできるモバイルオーダーシステム

ハンコを用いず遠隔での契約が可能になる電子契約ソリューション

「デジタルトラスト関連」が挙げられる。デジタルトラストとは、デジタル情報が本物であることを保証するもの。その典型となるタイムスタンプサービス（時刻認証＝日時に基づくに非改ざん性の証明）は、2023年2月に総務大臣認定を受けたのを機にユーザーの裾野が大きく広がっている。セイコーの祖業である時計に関する技術・ノウハウの蓄積が同サービスに活かされているのは言うまでもない。

同様に祖業の蓄積が生きているサービスに、10億分の4秒の精度での時刻合わせが可能な時刻同期サービスがある。現在、放送業界で広く用いられており、今後、5Gから6Gへと進化する通信周りや、自動運転が実用化に向かう自動車関連などで、新たな活用シーンが次々と出現しそうだ。

「メタバース（仮想空間）関連」の取り組みも見逃せない。ブロックチェーン（分散型台帳）や分散疎結合など最新技術に基づく高機能、高セキュリティのメタバースを独自に構築し、EC（電子商取引）プラットフォームとしての普及浸透を目指している。例えば、同じ空間に多くが来訪しても、パフォーマンスを落とさずストレスなく利用できるといったインフラ部分の機能性・信頼性を売り物に、メタバース事業を発展させていく。

セイコーグループの1社となる同社だが、採用や人事異動は単独で実施。採用に関しては「多様性に富む組織ほど業績が伸びる」（関根社長）と見て、多種多様な人材を募っている。人材育成では、実務を通して成長を促すOJTを基本に各種研修メニューを整備している。関根社長は日本IBM出身で、同社では流通サービス部門のトップを長く務め、増収増益を維持し続けた。その手腕はセイコーソリューションズでも発揮されており、2023年3月までの28四半期連続で増収増益を達成。勢いはまだまだ止まりそうにない。

|わ|が|社|を|語|る|

代表取締役社長
関根　淳氏

ハードとソフト、どちらも活躍できる会社

当社はITベンダーやSIerの1社ではありますが、単にソフトウエアだけでなくハードウエアも取り扱っている事業内容の多様性が特徴です。携帯、ルータ、IoTセンサをはじめ、多種多様なハードを品揃えしています。ハードに強い人、ソフトを得意とする人のどちらも活躍できる事業内容の幅広さが売りです。

まず人（社員）の成長があり、人が成長することで顧客満足に貢献し、その結果として社会課題を解決するという三つのアウトカム（成果）を掲げています。「人・組織が自燃（じねん）する環境・仕組みづくり」も打ち出しています。自燃＝自ら燃えるとはモチベーションの高さを表し、働き方改革や360度評価等の各種施策で自燃を促していることが連続で増収増益を続けている根底にあります。

会社 DATA

所在地：千葉県千葉市美浜区中瀬1－8
代表者：代表取締役社長　関根淳
設立：2012年12月
従業員数：<単体>692人　<連結>1,172人　（2023年4月1日現在）
事業内容：コンサルテーション、システム構築、運用管理などICTソリューションの提供
URL：https://www.seiko-sol.co.jp/

株式会社ディープコム

「自社サービス」をつくり、誰もが知っている会社を目指すエンジニア集団
――マイクロソフトが認めた業界屈指の技術力で未来を拓く

ここに注目！
全従業員が自らキャリアを描けるジェネラリストに養成
従業員と企業がともに成長するため発足した社内改革プロジェクト「DC40」

株式会社ディープコムは法人向けマイクロソフト製品の導入や、その運用を支援するオリジナル製品の開発・販売を手掛けるソリューションサービス企業だ。そのほか大手IT企業の大規模なシステム開発プロジェクトに参画するなど、自社の強みに特化した事業も展開している。マイクロソフト製品という特定の分野にリソースを集中させることで、エンジニアー人ひとりが業界屈指の専門性を持つようになり、日本では100社もない「Microsoft Solutions Partner」として認定されている。

「社員を守ることができる会社」で高水準のパフォーマンス

ディープコムはシステム開発の委託契約を受け、開発・保守・運用など特定業務でエンジニアを派遣するSES（システムエンジニアリングサービス）でスタート。大手取引先の開拓にも成功し、経営は安定した。だが同社は「自分たちの力で世の中を一変させるようなITサービスを作ってみたい」と、さらなるステップアップを目指す。

もちろん「産みの苦しみ」はある。新たに始めた受託開発は経験値も浅く、品質も良いものとは言えなかった。顧客ニーズに対応するために外注が必要となり、そのコストで予算オーバーになることもあった。自社だけの技術で事業を完結するにはどうすればいいのか。試行錯誤の中で、大変な苦労をした。それでも社員が取り組んでくれた背景には、「社員を守ることができる会社」を追及してきた社内哲学があったという。

どのシステム開発会社でもそうだが、他の依頼との兼ね合いや追加の要求などから、多忙になりがちだ。そこで同社では社員の過剰な負担を軽減するためにスケジュールを調整したり、自社が強い分野以外の依頼は顧客に別の企業を紹介したりといった取り組みで労働環境を適正化している。その結果、エンジニアが快適に業務を進められ、常に高水準のパフォーマンスを発揮できる職場環境を実現した。

フリースペースで仕事をしている最中

フリーアドレスなので、業務中でも同期など仲の良いメンバー同士のコミュニケーションも可能

顧客の「まだ表面に出てきていない課題」を発見する

今後、SESが担ってきたシステム構築やテストなどの仕事は、人工知能（AI）に奪われる可能性が高い。それゆえに「すでに顕在化した課題」の解決だけなく、「まだ表面に出てきていない課題」

Microsoft Solutions Partner認定

社長と談話中

ホワイト企業としてgold認定

を発見あるいは想像し、それを解決できるサービスを発想して創り出す「本質的なエンジニア集団」に変わらなくてはならない。アップルの創業者であるスティーブ・ジョブスは「顧客は自分が本当にほしいものを知らない」と喝破したが、まさにその考え方だ。

そのためには従来のIT技術に加えて、高いコミュニケーション能力や多くの知識と情報を整理分析して複雑な事象を概念化することにより物事の本質を見極めるコンセプチュアル（概念化）能力など、ビジネスキル全般を高めなくてはならない。社員もIT技術に特化したエンジニアではなく、決裁や会計、機器調達、ベンダーとの交渉、資産管理、チームマネジメントのすべてを理解したジェネラリストに変わる必要があるのだ。

大胆な構造転換を図るため、同社は「DC40」に取り組んでいる。これは「ディープコム（DC）が（20）40年に向けて進めている改革」という意味で、組織全体のマネジメント力を高めるために実行すべき施策を盛り込んでいる。自社開発に注力することで利益率を引き上げ、それにより企業規模を拡大して自社開発をさらに盛り上げるという好循環を目指す。

自社製品の比重を高めれば社員の給与に反映できることはもちろん、システム開発の上流工程ならではの専門性を習得することでキャリア向上にも役立つ。さらに自分たちが開発したものが製品として見える形になるので社員の達成感にもつながる。こうした「良いサイクル」を回すためにも、「DC40」で自社製品やシステム開発に注力できる組織づくりを進める。

ただ、「DC40」はゴールではない。同社はその後も進化を続けていくために、「会社と同じ目標を持ち、現状に満足せず、自分や会社の成長のために素直に行動できる」新しい仲間を求めている。

わ が 社 を 語 る

代表取締役
深田 哲士氏

「世に普及するITサービス」の実現へ

私たちは、技術力に特化した専門社員を抱え、高品質なソリューションを提供することで顧客から高い評価を受けています。私は、積年の目標である「世に普及するITサービス」を実現するため、プロジェクト「DC40」を発足させました。組織全体のマネジメント力を高めるために、過去の成長を見極め、2040年に向け「本質的なエンジニア集団」を構成する取り組みをしています。その一端として、評価制度の改正を行い、組織体制を明確化しています。そして、この目標が達成された暁には、マネジメント層や役員までのロールモデルが確立され、社員一人ひとりが自らのキャリアを描けるようになると考えています。

会社 DATA

所在地：東京都台東区浅草橋1-9-13 Biz-ark浅草橋駅前9F
設立：2010（平成22）年3月
代表者：深田 哲士
資本金：1,000万円
従業員数：136名 （2023年4月現在）
事業内容：クラウドサービスの導入・運用支援、クラウド型グループウェアサービスの企画、開発、運用、保守、販売、顧客向けシステムの受託開発・保守、クラウドサービス（SaaS）の提供・ライセンス販売
URL：https://deepcom.co.jp/

株式会社テクノコア

常識にとらわれない発想でIT人材を養成
——延べ約1,000社、9,000人超の現場力のあるITエンジニアを育成

若い社員の気概と情熱に応えられるリアルな成長機会を提供
教育事業とシステム開発事業の二本柱による将来性

「ホワイト企業であるのは企業として当然だが、それよりも大事なことがある」顧問社労士や顧問弁護士を揃え法令を遵守しているが、ホワイトやブラックの指標には目もくれず若い世代が存分に力を発揮できる場を用意している会社が、株式会社テクノコアだ。

「かつての自分がそうだったように、若くなければできないことがある。大胆な発想と、それを成し遂げようとする気概と情熱は、若い世代に勝るものはない」。こう語るのは、同社2代目社長の鎌田景史氏。最初から大手並みの待遇は無理でも、成果を出せるよう成長を導き、成果を出せれば正しく評価して待遇を上げる。単純明快なロジックで、若い社員に直球を投げ込む経営トップの姿は、ゆるい、きついの世界とかけ離れたものがある。

1999年に創業したテクノコアは、システムインテグレーター（SI）事業と、IT人材の教育事業を2本柱にする。SI事業のテクノコアに2005年に立ち上げた教育事業を持ち込んだのが鎌田氏だ。「卒業したのち、3カ月経っても正社員でIT企業に就職できなければ受講料は全額返金する」。周囲の反対を押し切って、こんな謳い文句で始めた教育事業は、またたく間に受講生を集めて成長軌道を歩んだ。今では現場力を持った人材を育てるIT企業研修センター「AxiZ」のブランドで、延べ約1,000社、9,000人超のエンジニアを育成した実績を持ち、SI事業を凌ぐ同社の収益基盤になっている。

社会人としての素養を植え付ける教育プログラム

「若い自分が居たからできたこと。今なら絶対に実行しようとは思わない」と、鎌田社長は苦笑いするが、数あるIT教育サービスのなかでも、抜群のリピート率を誇る背景にあるのが、ITスキルだけでなく、おもに新人を対象に社会人としての素養を徹底的に植え付ける独自の教育プログラム。ホウレンソウに始まり、日報、週報の書き方、質問の仕方、グループ開発やミーティング、議事録作成の心得など。実際に遅刻をしてくる受講生には、遅刻連絡のやり方まで指導する。「システム開発といえども基本は“人対人”。まずは社会人として働けるヒューマンスキルを養うことが重要」と説明。企業規模を問わず、これがIT企業に大受けしている理由らしい。

一方のSI事業は、これまでの主流であった客先常駐型開発を縮小し、社内で開発する受託ビジネスを基本にする態勢に改め、収益確保の力を人から組織へ組み替える。人材の流動性が激しいと言われるIT業界。即戦力を求め中途採用を軸にしてきた同社も、30歳代が極端に少ない年齢構成になっている。このため4年前から採用と育成体制を刷新し新卒採用を軸にし、若い力を育成し積極的に活用していく経営に舵を切っ

顧客リピート率の高さは業界トップレベル

沖縄での3ヵ月におよぶ合宿研修

技術研修以外のサービスもリリース

移転を機にデザインを一新したエントランス看板

た。なかでも外部講師を一部採用している教育事業では、新卒採用した社員に2年間アシスタントを担当させており、入社4年目から講師に抜擢していく。「3-4年後には、すべての研修を社内人材で回せる体制が実現する」（鎌田社長）としており、SI事業でも新卒を採用していく方針だ。

アイデア企画を試せる場を提供

同時に、新サービスの開発を目的とする「サービス企画室」を立ち上げた。若い社員の発想力と実行力を押し上げ、成長マインドを刺激するのが狙い。参加を希望する社員は誰でも参加可能で、終業後に隔週開催する鎌田社長との膝詰めの議論とアドバイスを通じて、各自のアイデア企画をブラッシュアップしていく。希望者のみの有志の会だが、鎌田社長は「何らかの成果を出すことができれば、年次に関係なく昇給や昇進を手にできる。成長意欲を重要視している」と説明、すでにいくつかの有望な事業案が検討されているそうだ。

そんな若い力がみなぎる理由はほかにもある。昨年の4月から始めた新入社員を対象にした3カ月の沖縄合宿だ。鎌田社長が指導役となり、研修を通じて自身の体験や考え、会社の方向性や社員に対する思いなどを率直に語りながら、社員と本音で語り合える関係性を築くことが主眼。「気づいたら5-6kgも痩せていた」（鎌田社長）とか。社員に真剣に向き合い、誇張も偽りもない経営トップの姿に、若い社員らが響かないはずがない。

|わ|が|社|を|語|る|

代表取締役社長
鎌田 景史氏

感動を創造する企業へ

ITのことも教育のことも知らず、お金も人も無いなかで、気概と情熱だけで教育事業を始めましたので、固定観念にとらわれず自由に発想し、何事にも恐れず立ち向かっていける挑戦意欲がありました。だから当社の採用条件には、ITスキルはありません。ITスキルの有無よりも、自分を高めていく気概と情熱があるかどうかが大切です。そして気概と情熱をもって仕事に打ち込める、そういうステージを用意しています。自分の考えを持ち、相手の考えに耳を傾け、自らを変革しようと努力していくヒューマンスキルが大切です。どんなにIT技術が進化しようとも、モノを創り出すのは人間だからです。当社はこれからも人を活かす事業を通じて「サービスに責任を持つ企業」の実現に挑戦し続けます。

会社 DATA

所在地：東京都千代田区内神田1-18-13　内神田中央ビル4階
設立：1999（平成11）年4月
代表者：鎌田 景史
資本金：5,100万円
従業員数：60名（2022年5月1日現在）
事業内容：教育事業：技術系新卒新人向け研修サービス、現役技術者向け先端技術研修サービス等：システム事業：Web系システムの設計・開発、クライアントサーバシステムの設計・開発、データベース構築・運用等
URL：https://www.techno-core.jp

プログレス・テクノロジーズ株式会社

大手メーカーの設計開発をトータルで支援し「共創」、自ら研究開発も
——製造業で日本を元気に！　エンジニアにワクワクできる環境を提供、研修制度も充実

自動車、航空宇宙・防衛、ヘルスケア、半導体などの大手メーカー支援
ベテラン設計者の経験・ノウハウを可視化、デジタル化する仕組みを構築

プログレス・テクノロジーズは顧客企業と一緒になって、設計開発のやり方を考え、改革し、さらに設計開発そのものも行うワンストップのトータルソリューション提供企業だ。「自動車」「社会インフラ」「航空宇宙、防衛」「ハイテク」「ヘルスケア」「半導体」などの領域のトップメーカー支援を行い、日本の製造業の進化に貢献している。そのルーツは子供のころにプラモデルや秘密基地づくりに夢中になったワクワク感だ。「モノづくりのワクワクや情熱を持って大人になったエンジニアが、そのスキルを最大限に発揮してワクワクする製品・サービスを生み出していく場をつくりたい」と考えた中山岳人社長らが起業した。ベテランエンジニアの経験やノウハウを可視化、デジタル化し、誰でも利用できるようにしたPT DBS（プログレス・テクノロジーズ・デザインベイシス・ソリューション）は、メーカーへのサービス提供から生まれた独自のソリューションで、顧客企業内にノウハウが蓄積される仕組みとして高い評価を得ている。

メーカー第一、エンジニア第一。顧客企業と築く「真のパートナーシップ」

「大企業なら内部で改革を完結できるのではないか」「なぜ、外部の企業をパートナーとして利用するのか」—。多くの人が抱く疑問だろう。プログレス・テクノロジーズの著書『プログレス・テクノロジーズとは何者か？』の中で、顧客企業の幹部は「設計標準、帳票は積み上げられていく一方で、設計にすぐ反映できるのはベテラン設計者だけ。デジタル化されていないと、そうした情報をその都度、人の手で扱うにしても限界があります」と事情を話している。プログレス・テクノロジーズに対しては「設計者と打ち合わせを重ねながら少しずつ相手の内側に入り、意識を合わせていき、気がつくと一緒に改革に取り組んでいた。そんな関係づくりが印象的でした」と、共創の実態を説明。「設計の現場をどう巻き込むかが大変で、プログレス・テクノロジーズの力がなければ実現していなかったと思います」と評価している。

プログレス・テクノロジーズの澤井大輔取締役管理本部長は「次世代自動車特許の多くをアマゾン、アップル、グーグルが持つように環境が変わり、大手メーカーでも独自改革は難しくなっている。当社はコンサル、ソリューション導入、システム開発、運用定着、設計実務までのサービスをワンストップで提供できるのが強み」と説明。具体的には「当社はメーカー第一、エンジニア第一に考え、強いリスペクトを持ってサービ

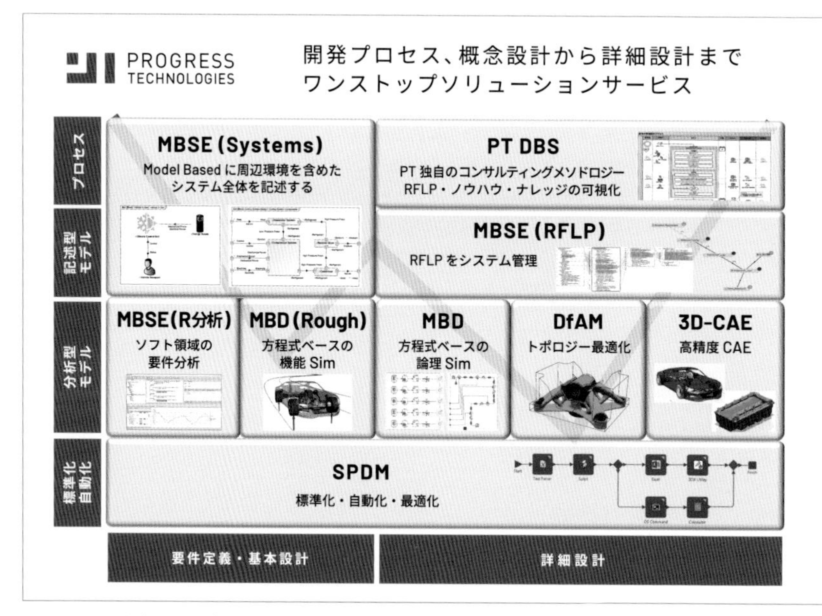

メーカーの設計開発を進化させるためのトータルソリューション提供

共同開発・技術研究のためのラボエリア

エンジニアが一堂に会した懇親イベント

本社オフィス。仕切りのないオープンな環境で柔軟な発想を促す

スを提供している。DX（デジタルトランスフォーメーション）やプロセス改革は顧客企業と一緒になって支援する。寄り添いながらイノベーション（技術革新）を実現する」と、共創を強調する。

大手メーカーの設計開発の環境を用意、市場価値の高いエンジニア集団へ

メーカーとの共創に向けて、プログレス・テクノロジーズでは人材育成を強化している。基本にあるのは「ワクワクできる会社」だ。澤井取締役は「当社はエンジニアファーストを掲げる会社。メーカーに入っても市場価値の高い設計開発の仕事ができるかはわからないが、当社なら大手メーカーの設計開発の環境をしっかり用意できる。終身雇用制度が薄れた今、エンジニアのキャリアづくりも会社にとって重要なことと捉えている」と話す。

研修制度も充実している。PTT（プロフェッショナル・タレント・トレーニング）という名称の教育ウェブサイトを開設し、機械、電気、ソフトなどの研修内容を社員が自由に受講できるようになっている。上司は受講履歴を把握し、次の受講のアドバイスを送る。PMP（プロジェクト・マネジメント・プロフェッショナル）資格取得支援も行っており、ウェブからライブ研修を受講できるほか、家や電車内でも勉強できるように環境を整えている。

最先端デジタル技術の研究開発や実装運用の検証にも取り組み、次世代のモノづくり、コトづくりに挑んでもいる。CASE（接続・自動運転・シェアリング・電動化）などによって大きく変わる自動車分野では、実機をつくらなくても操作、乗り心地、ドライビング環境などをバーチャルで確認できるドライビングシミュレーターのサービス提供会社を設立し、事業に乗り出した。プログレス・テクノロジーズの社内に設けられた「ラボ」では日々、エンジニアが目を輝かせて研究開発に励んでいる。

|わ|が|社|を|語|る|

代表取締役
中山 岳人氏

一度しかない人生、ワクワクする挑戦を

「ワクワク」「挑戦」「徹底主義」を行動指針にしている当社には、モノづくりが本気で好きで、設計をやりたいと考えている人が集まっています。何かに夢中になって、こだわって、自分なりの何かを生み出している、そういう方にぜひ仲間に加わってほしい。仕事でも、趣味でも、ゲームでも構いません。その人だけのこだわりを見たいと思っています。

エンジニアであれば、いま目の前の挑戦にワクワクしていてほしい。一度しかない人生で、給料のためにワクワクしない業務に時間を費やすのは、すごくもったいないと感じます。私たちはエンジニアの秘密基地をつくろうとしています。モノづくりが大好きなエンジニアが、エンジニアリングにどっぷりと浸かれる場です。

いま求められているのはメーカーズDXです。それぞれの企業だけでなく、業界全体がDXをしていく中で、私たちはハブという重要な役割を果たしたい。その大きな変化の中で、ワクワクしながらモノづくりを進化させる仲間を求めています。

会社 DATA

所 在 地：東京都江東区青海1－1－20　ダイバーシティ東京オフィスタワー15階
設　　立：2005（平成17）年6月7日
代 表 者：中山　岳人
資 本 金：2億6,000万円（資本剰余金含む）
従業員数：580名（2023年4月1日時点）
事業内容：コンサルティングサービス、システム開発、ソフトウェアの販売およびサポート、アウトソーシング・運用サポート、新技術調査・研究開発・共同研究
U R L：https://progresstech.jp/

共同技研化学株式会社

化学を通じ、新素材で世界に驚きと感動を与える企業
――先行技術で社会に貢献する多機能膜を創造するリトルガリバー

ここに注目!

常に新製品を先行開発し、新しい市場へ展開する挑戦の社風
高速通信、自動車コネクテッド、医療など成長分野を支える製品群

世の中に先んじて、高付加価値の多機能膜を創り出す化学会社である。様々な要素技術を用いて生み出される機能は、粘着、接着、光透過、電磁波シールド、熱伝導、電気伝導、絶縁、制振、熱可塑、熱硬化、水溶性など多岐にわたり、これらを複合化し多機能化させることもある。これら機能を有した数々の製品は、住宅・建材、自動車内装品、電機、電子機器、などに幅広く用いられ、便利で豊かな製品づくりを支えている。そんな共同技研化学株式会社は、高分子化合物（ポリマー）の重合・合成を自在に操り、先行技術を確立することで成長を続ける小さなガリバー企業と言えるだろう。

「世界初」をはじめ驚きの製品を次々開発

「初めてを始めます」をキャッチフレーズに、徹底して先行技術に挑戦する共同技研化学。3年連続で日本発明振興協会の発明大賞を受賞するなど、新技術・新製品開発の実力は折り紙付きだ。とりわけ同社の存在を知らしめたのが、世界初の瞬間粘接着フィルムの分子勾配膜両面テープ。分子のグラデーションによって、通常の両面テープの1.5倍から2倍の接着力を持ち、防水性や耐薬品性も併せ持つ。自動車内装、モバイル機器の薄型化など、接着の代替えとして、幅広い用途を持つ。最近は自動車のコネクテッド化に伴い、ハンドルやシートなど様々な部位にタッチセンサが埋め込まれているが、曲面でもしっかり張り付き、導電性も有する分子勾配膜両面テープが採用され始めている。

同テープの中心基材であるアクリルを発展させた製品が、透明で柔らかいシートの「メークリンゲル」。極めて高い透明性を持ち、衝撃吸収性に優れることから、ディスプレーやスマートフォンのタッチパネルなどに活用されている。さらにしなやかさと高い強度特性を実現し、耐熱性や耐吸湿性、低誘電・高絶縁性も備えた液晶ポリマーフィルム「SARAS」や、アクリル樹脂を主成分とした熱吸収特性に優れる粘着ゲルシート「FREY」など、驚きの製品を続々開発。他社にはない独自の技術で、次世代通信や先進医療分野をはじめとする成長市場にも製品を送り出している。

同社のもう一つの強みは、これらの化学技術に加えた製造の技術。創業者でもある濱野尚吉会長が、「ほぼすべての製品は、自前の設備によって造られる」と言う通り、どんなに先進の製品でも、工業的な製造プロセスを確立しなければ、事業として成り立たない。例えば、同社が圧倒的シェアを持ち、住設部門の成長の原動力となったサッシ枠の防水気密シーラー材。長く競合が出現しないのは、品質コストを満たせるだけの

群馬県富岡工場の風景

次世代を担う若手社員

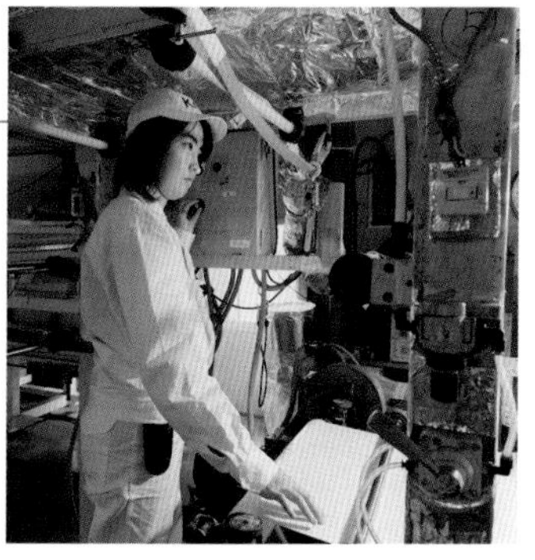

試作を担当する若手技術社員

5G、自動運転を将来実現する独自の生産設備

様々な分野で活躍する粘着テープ

製造技術を確立できないからだ。

先行技術にこだわり、自前設備を開発してまでも新たな機能製品づくりを目指す理由は何なのか。もともと同社は、粘着テープ製造と粘着加工でスタートし、いまなおOEMや自社ブランドで、粘着テープ類の市販品も製造販売している。濱野会長は、「汎用品では規模的にも戦えない。成長分野を見極め、社会に役立つ製品を開発していくしかない」と明言。今後も塗工技術を活かした新製品開発を軸に成長を目指す姿勢を強調する。

工場を増設し売上30億円へ

この2月、2代目トップに就任した濱野尚社長は、「高速通信や医療、自動車コネクティブなど技術の変わり目で、当社製品が活躍できる素地は多くある。幸い若い社員が半数以上を占めるが、技術の伝承とデジタル化を推進し、働きやすい職場環境づくりを目指す」と言う。6月には、志木営業所（埼玉県志木市）を都内の池袋に移転して顧客対応力を向上させるほか、2025年までに主力の富岡工場（群馬県富岡市）を増設、新棟を建設して受注の機会損失を防ぐ一方、本社（埼玉県所沢市）に製造の前工程設備を導入し、一段の成長に備えている。ピーク時の売上高は24億円だが、新体制では当面30億円を目標に事業を拡大していく。

「これまでは膨大なエネルギーを費やす熱で分子結合してきたが、今後はそういう時代ではない。所沢の前工程は、電磁波による分子結合の実証も兼ねていく」と語る濱野会長。先行技術を目指す同社のフィールドは、今後さらなる広がりを見せるかもしれない。

|わ|が|社|を|語|る|

取締役社長
濱野 尚氏

若い人の「やる気」を「本気」で迎える

当社は、粘着テープを中心とした多機能膜製品を電機・自動車・住宅建材・医療などの分野でグローバルに展開し、世の中に必要とされる新しい素材開発を通じて、社会に貢献している会社です。当社には最先端で活躍しているエンジニア、グローバルに活躍している社員、いきいきとやりがいをもって働く女性社員ら、多様の人材が活躍しています。ワークライフバランスの取り組みも積極的に推進し、埼玉県の「多様な働き方実践企業」の認定取得や「仕事と介護を両立できる職場環境」整備促進の「トモニン」を取得するなど、働きやすい職場づくりを進めています。これからも新たな分野で製品開発を進めていく私たち共同技研化学は、若い人の「やる気」を「本気」で迎えられる会社です。

会社 DATA

所在地：埼玉県所沢市南永井940番地
創業：1979（昭和54）年10月30日
代表者：濱野 尚吉
資本金：5,000万円
従業員数：80名（2023年5月末現在）
事業内容：1．多機能性フィルムの製造
2．粘・接着テープの製造
3．プラスチックフィルム等の最先端素材の塗工・ラミネート・スリット・パンチング加工工業用ゴム製品の製造・販売
URL：https://www.kgk-tape.co.jp

新日本薬業株式会社

高品質と安定供給で医薬品開発を支える原薬の専門商社
――国内最大の在庫能力を備え、特許調査、品質試験、薬事対応までを網羅

ここに注目！

海外 20 カ国、100 社以上のネットワークを駆使した探索力
健康食品分野をはじめとする非医薬品ビジネスのポテンシャル

本州のど真ん中に位置する長野県上伊那郡飯島町に、2021年12月、新日本薬業株式会社の「飯島物流センター」が竣工した。延べ床面積 2,336㎡、収容能力は1,000t。同社3拠点目となるGMP（医薬品の製造管理及び品質管理基準）を満たした原薬保管倉庫だ。同センターの立ち上げにより、東日本のお台場倉庫（東京）、西日本の 南港L&Lセンター（大阪）と合わせ、国内最大級となる合計3,000tの原薬保管能力を確保する。角田秀雄社長は、「内陸部に位置する飯嶋物流センターは、富山など日本海側のアクセスも良好で、近くコンテナヤードが拡充される清水港からも近い。BCPの観点からも、原薬の安定供給態勢を一段と高められる」と、説明する。

新日本薬業は、国内外の医薬品原薬・中間体を幅広く取り扱う医薬品商社の先駆け。創業70余年の歴史で蓄積された海外20カ国、100社以上のネットワークを駆使して、薬品メーカーの要望に応じた最適な原料を紹介、販売するほか、健康食品、化粧品原料、医薬中間体、電子用の化学品、工業溶剤なども手掛ける。中核の医薬品原料ビジネスは、「品質の確保と安定供給」を最優先に、特許調査や品質試験、各種薬事対応までを網羅した幅広いサポートで、数々の医薬品開発に貢献してきた。最近はジェネリック医薬品に向けた高品質の原薬の安定供給に重きを置いているが、数年先の特許期限切れの情報をいち早く収集し、強みのグローバルネットワークを生かした新たな原料探しの挑戦を続けている。

アントシアニンの需要が急増

そんな同社の〝見つける力〟は、医薬品以外の分野でも威力を発揮し始めた。角田社長が「いま急速に伸びている」と語るのが、健康食品向けの原料供給だ。なかでもニュージーランド（NZ）産の冷凍カシス果実から抽出したアントシアニンの需要が急増、「今年は前年の倍の需要見込みで、供給が追い付かない」（角田社長）と言う。森下仁丹をはじめ複数のメーカーが、アントシアニンの血流改善効果に着目し、高齢者の視力回復サプリメントを販売しているが、これを全量供給するのが新日本薬業だ。イオン成分が多く含まれるNZ産でないと効果が希薄なため、現地農家への対応を急い

東京本社　外観全景

ガスクロマトグラフ装置（GC）

高速液体クロマトグラフ装置（HPLC）

南港L&Lセンター
理化学試験室を併設した物流拠点

GMP管理原薬保管庫

2つのアルプスを望む長野飯島物流センター

でいる。

温度によってゾル（液体状態）、ゲル（固体状態）転換する皮膚保護材の開発も、将来が期待される有望株。液体状で塗布し乾燥するとフィルム状になり、お湯で簡単に流せる天然物由来の保護材で、日本医療研究開発機構（AMED）と東京都立産業技術研究センターとの共同研究の成果が最終段階を迎えている。すでに特許を取得し、抗がん剤の副作用で皮膚のダメージに悩むガン患者らには朗報となるだけに、国も早期の商品化を後押ししていることから、年内には自社生産を含めた事業化の動きを具体化させる方針だ。

角田社長は、「事業のベースが医薬品であることに変わりはない。無理のない中長期の成長を目指す」と言うが、2022年7月には持ち株会社を設立し、業務提携や新事業を機動的に行える組織改変を実行し、その一方で、米国ベンチャーファンドを軸にした定期的な投資がもたらす強固な財務基盤を築いている。まさに今、同社は新たな飛躍に向けた挑戦のときを迎えつつあると言えるだろう。

がん対策推進で健康経営に軸足

残る課題は、一定の化学知識を持つ人材の確保。このため外部研修の希望者には、上限なしの半額補助制度を設けたほか、年2回の定期賞与に加え、期末の業績連動賞与を支給するなど、社員満足向上の様々な施策を実行している。なかでも力を入れているのが、健康経営の取り組みだ。「健康に働いてもらうことが、社員と家族、さらに会社にとっても一番大事。例えばがん対策の推進では、検診の全額補助をはじめ様々な啓発活動を展開している」（澤口公彦取締役総務部長）。2022年には厚生労働省から、「がん対策推進優良企業」として表彰され、このほど東京都の「健康優良企業〈銀の認定〉」を取得した。今後は〈金の認定〉や経済産業省の健康経営優良法人認定「ホワイト500」を目指し、医薬商社ならではの健康で働きやすい会社づくりを進めていく。

|わ|が|社|を|語|る|

代表取締役社長
角田 秀雄氏

国民の健康増進に役立つ会社目指す

当社は設立以来、常に日本の薬業界へ海外の新しい商品及び情報を提供してきた会社です。約70年の歴史で培われた取引先との信頼関係に基づく世界的なネットワークを構築し、品質確保と安定供給を最優先に、お客様のニーズに合致した医薬品原薬、医薬品中間体の提供に努めてきました。

ここ数年は、健康食品分野をはじめ薬業界以外の会社からの引き合いが増えています。これらの分野でも当社のネットワークで適切なメーカーを探し、最良の商品を提供できる体制を整えました。新たな事業分野として育成していく方針ですが、ここでも医薬品同様に、品質を重視する姿勢に変わりはありません。常に品質を重視しながら、お客様にご満足いただける商品とサービスを提供し、国民の健康増進に役立つ会社であることを目指してまいります。

会社 DATA

所在地：東京都中央区日本橋小伝馬町15-10
設立：1951（昭和26）年4月18日
代表者：角田　秀雄
資本金：8,000万円
従業員数：78名（2022年12月現在）
事業内容：医薬品、医薬品中間体、医薬部外品、化粧品、医療機器、動物用医薬品、農薬、試薬、化学品、食品、食品添加物、飼料等これらの原材料及び製品の販売ならびに輸出入
URL：https://www.snyjapan.co.jp/index.html

テルモ株式会社

日本に本社を置くグローバル企業として世界の医療に貢献する100年企業
――次の100年に向け、持続的成長を継続し医療の進化に対応

医療従事者、患者双方の信頼に応える５万点の製品群で世界の人々に貢献
心臓血管、メディカルケアソリューションズ、血液・細胞テクノロジーの３領域が強み

テルモ株式会社は、医療機関向けのカテーテルや人工心肺装置などの医療機器や点滴などの汎用医療機器や薬剤投与システム、また細胞治療関連製品などを世界に供給する。創業は1921年で、今年創立102年目を迎える。2022年3月期の連結売上高は7，033億円と過去最高を達成している。地域別の売上高比率は日本29%、米州31%、欧州20%、中国8%、アジア他11%と、海外が71%を占める。生産拠点は日本国内7、海外26、研究開発拠点も日本国内6、海外16。さらにグループで28，294名の社員のうち約8割が海外というまさにグローバル企業だ。

体温計や血圧計といった製品では一般消費者にも知名度は浸透しているものの、売り上げの9割以上は医療機関や製薬会社向けのBtoB型事業だ。2020年以降の新型コロナウイルス感染症(COVID－19）の世界的パンデミックの中でも、混乱する医療現場を製品、技術で支え、人々の命を救い、成長を継続している。

相次ぐ新製品投入でコロナ禍の治療現場に対応

テルモには大きく分けて3つの事業領域がある。「心臓血管」「メディカルケアソリューションズ」「血液・細胞テクノロジー」だ。過去3年間に及んだコロナ禍で、一部の手術の先送りなどが医療現場では発生し、「心臓血管」分野は売り上げ減を余儀なくされた。しかし、病棟向け汎用製品などの「メディカルケアソリューションズ」分野は売り上げ増となり、「血液・細胞テクノロジー」分野も成長し、3領域があることにより企業全体としての成長は鈍化することなく拡大を続けた。

薬液残りを極限まで減らした注射器「針植え込み型注射器」は、コロナワクチン接種の現場に浸透し、「体外式膜型人工肺（ECMO)」について従来の2倍となる年間200台の増産体制を敷き、併せて取扱者のスキルトレーニングに対応。紫外線照射ロボットなど院内の感染対策につながる機器も投入。さらに、米国ではコロナから回復した人の血液中の抗体を含む「回復期血漿」を治療に役立てるための血液成分分離装置が緊急承認され、治療に貢献。体温計についてもケースも消毒しやすいものを発売するなど、医療現場の非常時に対応した製品を投入し続けた。

同社では2022年度からの5か年成長戦略「GS26」を展開中だ。デバイスからソリューションへというビジョンを掲げ、1つ1つの機器を提供するだけではなく、医療機関や患者さんが抱える課題を総合的にサポートする企業を目指している。コロナ禍が収ま

TERUMO's Purpose「医療の進化」と「患者さんのQOL向上」への貢献

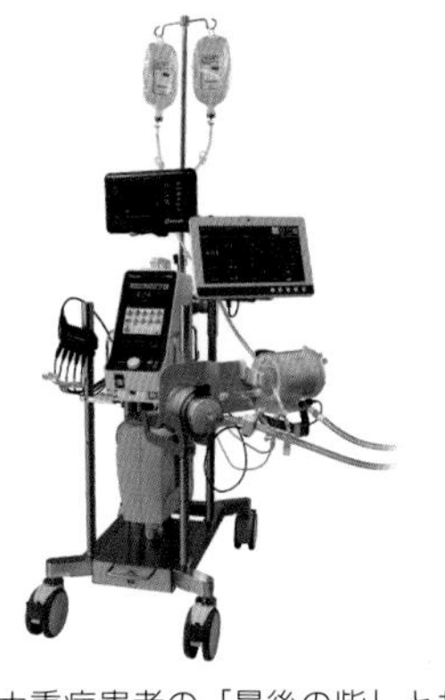

コロナ重症患者の「最後の砦」ともいわれるECMO（体外式膜型人工肺）

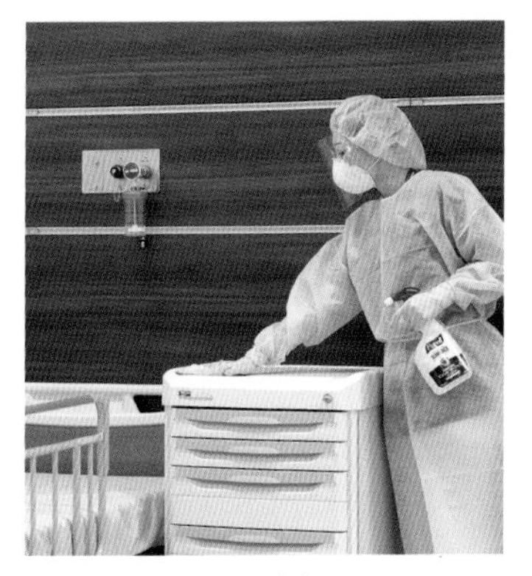

院内の感染対策にも寄与

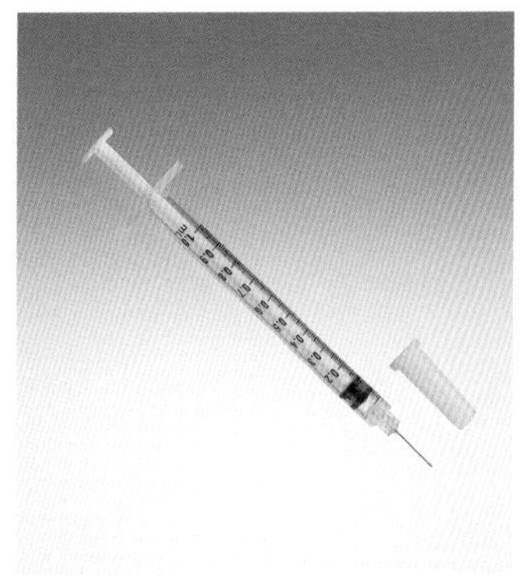

デッドボリュームを極限まで減らし、無駄なくワクチン接種を可能にした針植込み型注射針

りつつある現在、あらためてGS26に向けて、ソリューションを創造できる人財や社内のDX化を推進する人財が必要になっている。企業理念に共感する強い志を持ち、自ら提案し課題を乗り越える気概のある『人財』を求めている」と、人財開発室副室長 兼 採用チームリーダーの廣瀬美緒氏は強調する。

年功序列ではない活力ある職場へ

医療機関向けの業務が多くを占めるとはいえ、入社時から医療の知識がある人は多くないそうだ。「入社後のキャリア形成は十人十色」（同）。最初は本人の希望の職種を重視して配属先を決めるが、その分野で専門性を極める人もいれば経験をベースに異なるキャリアへと異動する人もいるという。特に2022年4月から導入された新人事制度では、給与体系を含め30年ぶりに大幅に見直した。例えば「キャリアチャレンジ制度」では、他部署・部門への異動や課長職以上のポジションへの希望者を若手も含めて公募するなどの新しい制度を取り入れ、年功序列ではない一段と活性化された職場へと変わり始めている。

キャリアを磨くうえで欠かせない専門研修も多彩。例えばMBA取得や異業種交流、グローバル研修など選抜式の研修を用意する。一方で、休暇取得を推進し、2021年度の有給休暇消化率は67．1%。加えて「男性の育休取得率は6割、女性の育児休業明けの復職率は100%であり、復職のためのセミナーなどを通じて職場復帰がソフトランディングできるような体制を整えている」（同）。グローバル企業として、気概と根性のある人財とともに、今後も世界の医療に貢献していくことだろう。

| わ | が | 社 | を | 語 | る |

代表取締役社長 CEO
佐藤 慎次郎氏

固定思考を克服し、成長思考を醸成

テルモは、「医療を通じて社会に貢献する」という不変の企業理念のもと、それぞれの時代に社会が求める課題と真正面から向き合い、患者さんや医療従事者の方々の信頼に応えてきました。

医療は今、大きな変化の途中にあります。私たちは医療現場で培った確かな品質とテクノロジーの力で、これからも医療の進化に挑戦します。当社は、こうしたチャレンジを実現するため、アソシエイトの成長を支える具体的な活動を始めました。挑戦する前から限界や制約を受け入れてしまうFixed Mindset（固定思考）を克服し、アソシエイトが新しいことに挑戦するGrowth Mindset（成長思考）を醸成して、テルモの文化に育てていこうという試みです。企業の成長を支えるのは人財なのです。

会社 DATA

所　在　地：東京都渋谷区幡ヶ谷2－44－1
創　　　業：1921（大正10）年9月
代　表　者：佐藤　慎次郎
従 業 員 数：28,294名（グループ全体：2022年3月末現在）
資　本　金：387億円（東証プライム上場）
事 業 内 容：医療機器・医薬品の製造販売
U　R　L：https://www.terumo.co.jp/

◢株式会社アコーディア・ゴルフ

日本におけるゴルフ業界のリーディングカンパニー
――誰もが気軽に楽しめるカジュアルゴルフを掲げ、日本のゴルフを変革

ここに注目！
国内最多 171 カ所のゴルフ場運営と国内トップの売上＆収益力
業界の中で先んじて新たなサービスや企画を生み出す旺盛な挑戦意欲

若いゴルファーや初心者に広がり始めたプレースタイルがある。自分のクラブを持たず、手ぶらでゴルフ場に向かい現地でクラブをレンタルするスタイルだ。もともと各コースには貸しクラブが用意されていたが、今回はこれとは異なり、有名ブランドの新しいクラブをプレー日に合わせてネット予約できるのが魅力らしい。企画したのは、ゴルフ場運営の国内最大手である株式会社アコーディア・ゴルフ。2003年のブランド創設以来、年齢や性別を越えて、誰もが気軽に楽しめるカジュアルゴルフを掲げ、日本のゴルフに新風を巻き起こしている。2022年7月に始めた最新クラブの予約サービスは、首都圏、関西、九州の２３カ所に拡大し、「若い世代や女性客を中心に好評なので、順次対象のゴルフ場を広げていきたい」（同社経営企画本部）と、新サービスに手応えを感じている。

全国のゴルフ場やゴルフ練習場で、スタッフが笑顔でお客様をお出迎え

昨今若い世代や女性のゴルファーが増えている。ポイントカード会員は430万人以上

過去最高の来場者を記録

かつてゴルフと言えば、会社の接待やオジサンが楽しむスポーツの代表格。しかし、このままでは日本のゴルフ人口はやがて先細りしてしまう。国内１７１のゴルフ場と26の練習場を運営するアコーディア・ゴルフは、まず自動チェックイン精算機の導入やセルフプレーを基本にリーズナブルな価格帯でのプレーを普及させたほか、昼食を挟まないスループレー、ハーフプレイなどのメニューを打ち出し、「カジュアルゴルフ」を世に広めてきた。さらに蓄積された需要データと、天候や近隣価格をもとにした需要予測で価格決定することにより、ゴルフ場の稼働率を着実に引き上げる一方、運営コストの改善で生まれた収益をクラブハウスのリニューアルなどのハード整備や従業員の待遇改善に充当。2022年の来場者数は、過去最高となる1,180万人を記録した。

新しいゴルファーを創り出す取り組みも見逃がせない。ゴルフプレーを通じて子供たちの人間形成を目指す「ファースト・ティー」プログラムを定期的に開催し、小学生からゴルフに親しんでもらう取り組みを積極的に展開しているほか、女性ゴルファーを応援するサービス「Friends」の立ち上げや初心者の女性も気軽に参加できるプレーイベントなどにより、女性客の来場者比率を着実に高めている。なかでも「日本一女性にやさしいゴルフ場」をコンセプトに

最新クラブのオンライン予約サービスが若いゴルファーや初心者に好評

PGA TOURのZOZO CHAMPIONSHIPやMastercard Japan Championshipの大会開催地に選ばれている

アグロノミー（農耕学）に基づいたコース管理技術

掲げる四街道ゴルフ倶楽部（千葉県）では、25%近くが女性客で占められる。最近は、コロナの収束をにらんでインバウンド需要を取り込むツアー商品を強化するなど、様々な挑戦を通じて日本のゴルフを活性化していく方針だ。

22年にソフトバンクグループの投資会社フォートレス・インベストメント傘下になり、フォートレスが保有するホテルと提携した顧客満足度を高める取り組みや、同社のグローバルなノウハウやネットワークを生かしたゴルフ場のDX推進も期待できる。そして何より、新たなM&Aを機動的に行える態勢を整えたことは、アコーディアの一段の成長を呼び込む原動力になると見られる。

いい会社から「すごい会社」へ

企業理念として目指しているのが、いい会社から「すごい会社」へ。「すごい会社」を「挑戦と変革を恐れない企業」と定義し、社員が主体的に新しい何かに取り組む企業風土の醸成に取り組むとともに、「お客様の笑顔・従業員の笑顔・社会の笑顔の創造」をミッションに掲げている。若い30代・40代の支配人が多いのも同社の特徴で、新入社員研修、次期管理職研修、管理職研修、コンプライアンス研修、ゴルフ場でのサービス研修など多様な研修プログラムを通じて、若い世代が存分に活躍できる環境が整備されている。

例えば、ゴルフ場を支えるコース管理部門。アコーディアの運営するゴルフ場が日本で唯一米国PGAツアー公式大会の開催地に選ばれており、また２１年の東京五輪開催時には競技会場となったコースにアコーディアの管理スタッフが多数派遣されたほど、同社のコース管理技術には定評があるが、ここでも女性を含む若い管理スタッフが活躍している。若い力を中心に、伝統や格式にとらわれないアコーディア・ゴルフの挑戦が続く。

|わ|が|社|を|語|る|

代表取締役社長 CEO
石井　歓氏

全社一丸となって常にチャレンジ

当社は2003年のブランド開始以降、ゴルフライフを網羅する総合サービスを提供してきました。そして日本におけるゴルフのイメージを変え、ゴルフというスポーツをもっと身近なものにするために「カジュアルで楽しいゴルフ」を提唱し、様々な取り組みを行ってまいりました。結果として、中心となる50歳、60歳代はコロナ前のように、来場者が減ることなくプレーを楽しめるようになった一方、40歳代以下の若い人たちの来場が増えています。女性も含めて、ゴルフの持つ魅力が着実に広がっていることの表れでしょう。目まぐるしく変化する社会情勢ではありますが、これからも業界のリーディングカンパニーとして、現状に甘んじることなく全社一丸となって常にチャレンジを続けてまいります。

会社 DATA

所在地：東京都品川区東品川4-12-4品川シーサイドパークタワー
設立：2003年5月
代表者：石井　歓
資本金：5,000万円
従業員数：8,533名（2022年3月末時点）
事業内容：ゴルフ場の運営・管理
URL：http://www.accordiagolf.co.jp

Woyton Technologies（ヴォイトン テクノロジーズ）株式会社

海外の優れた製品&技術を通じて日本の技術革新に貢献
——オランダBesi社の半導体製造装置販売で躍進

蘭 Besi、独 Cyber、伊 AMX 製品を軸に日本の半導体をサポート
半導体プロセスに留まらない先進の製品技術を探索する商社力

半導体後工程用の装置メーカーであるオランダBesi社。集積回路をプリント基板に配置するダイボンダーや、実装基板にチップをダイレクトに実装するフリップチップボンダーなどで、世界トップクラスのシェアを有する有力メーカーだ。このBesi社製品を扱う日本国内総代理店として、2019年に設立したのがWoyton Technologies（ヴォイトン テクノロジーズ）株式会社。日本の半導体メーカーなどにBesi社の装置を輸入販売する。

商社勤務時代からBesi社製品を扱い、商社から独立してWoytonを立ち上げた片桐修社長は、「かつて日本では国内の半導体装置が幅を利かせ、Besi社はほとんど検討対象とはならなかった。しかし顧客の要求基準が格段に上がった現在、Besi社製品を主な選択肢として検討する状況になっている」と、解説する。日本の半導体市場が低迷するなかで、台湾をはじめとするアジア系OSAT（半導体後工程の組立&テスト事業者）へ納入実績を積み上げてきたのがBesi 社。特にスマートフォンの進化を支える小型化、薄型化のパッケージ技術に秀でており、日本の半導体メーカーの間でも、研究開発用途を中心に採用が広がり始めている。

1台のマシンでダイ/フリップ/マルチチップボンドに対応

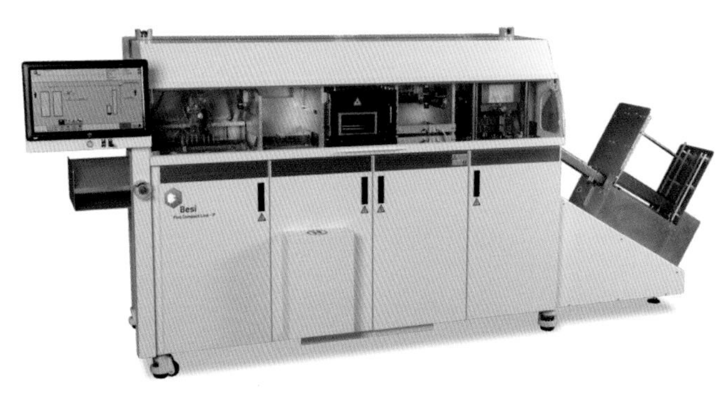

パワー半導体製品向けのトリミング&フォーミング装置

倍々ペースで伸びる売上

当然、設立間もないWoytonの業績もうなぎ上り。売上は倍々ペースで伸び続け、2022年度は7億円、2023年度は13-14億円の売上を見込む。さらにWoytonは、Besi社製品と並び、ドイツcyber TECHNOLOGIES社製のナノレベルの分解能を持つ三次元形状測定システムの販売を本格化した。両社の製品を扱うことで、半導体後工程のカバーリングを高める。片桐社長は、「cyber社の3次元測定器は、台湾TSMCなどに多くの実績を持ち、特に半導体用途で優れている。Besi社とcyder社の製品をペアにして、日本の半導体メーカーの技術開発を後押ししたい」（片桐社長）と語るが、日本のメーカーだけではなく、熊本に新工場を建設するTSMCの日本上陸は、同社にとっても追い風になる見通しだ。

一方、日本のパワー半導体の成長をにらんだ製品展開も進めている。基板上の個々の部品高さに追随し均一加圧できるイタリアAMX社のマルチプレスシステムだ。パワー半導体は高さが一様で

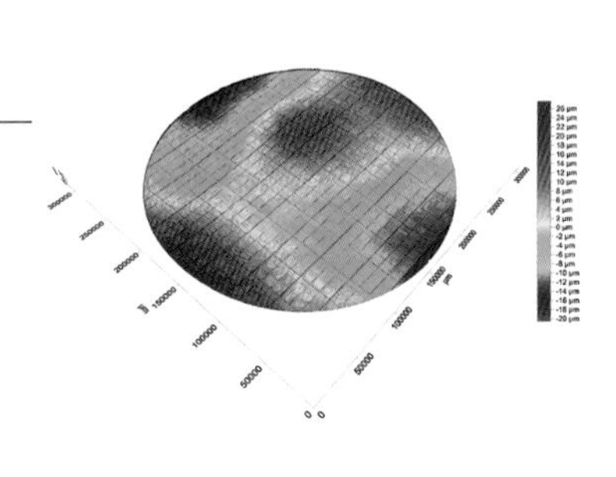

ウェハー平坦度を3D測定した結果の詳細色別表示

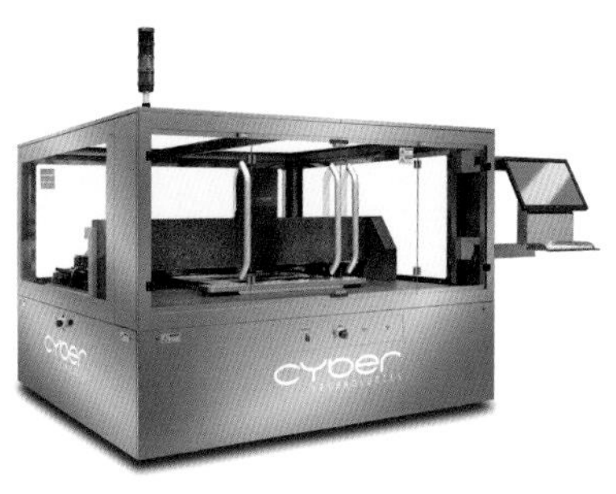

非接触式2Dプロファイリング及び3Dマッピング装置

2023年5月より稼働する本社及び開発本部

ないため、グループ会社を通じてはんだ付けに代わる新たな接合手法として提案、受注が出始めている。片桐社長は、「日本には優れた材料技術があり、ロジック領域を中心とする先進的な半導体技術もある。AIやVR、IoTの普及が期待されるなか、高度な要求に応えるためにも、日本の技術が不可欠だ」と強調し、今後も半導体製造プロセスにおける様々な先進技術を日本に持ち込む方針だ。

サービス態勢の強化へ本腰

課題は、これら装置の据え付け、立ち上げから稼働後の保守・メンテナンスに至るまでのエンジニアリング力。販売量の増加に伴って、総合的なサービス態勢の強化が課題になっている。現在は、「電気、機械、ソフトに精通した優秀なエンジニアに恵まれ、不具合対応が迅速なため、顧客に満足してもらっている」（片桐社長）と言うが、業容の拡大を見据え、海外人材を含めたエンジニアの拡充を目指している。

半導体製造装置に限らず、例えば食品業界向けの自動化装置など、今後も海外の優れた製品、技術を積極的に輸入し、扱い品目を増やしていくことから、国内では新卒、第二新卒を対象に、若い人材の確保を最優先課題に掲げている。「若い会社だけに、会社の規模や知名度ではかなわないが、開発力とともに海外の新しい技術を持ってくる能力では負けていない。一部門の業務に携わる大手企業と異なり、多様な先端技術や製品をみずから扱えるフィールドがある」としており、挑戦意欲のある人には活躍の舞台が十分に整っていると言えそうだ。

設立5年目となる2024年度で売上20億円を計画するが、規模の追求はしない。「適正な利益を確保しつつ、あくまで社員が幸せに暮らしていける成長を目指す」と話す片桐社長。スタートから売上を急激に伸ばしてきたWoytonは、若い力を加えて着実な成長段階を迎えようとしている。

|わ|が|社|を|語|る|

代表取締役
片桐　修氏

活躍のフィールドは無限に広がる

当社は「セミコンダクターのかなたへ」をブロンドスローガンに、令和元年に設立した会社です。これまで知名度の低かったオランダBesi社の半導体製造装置の国内輸入販売＆サービスを基本に、おもに日本の大手半導体メーカー各社へ納品しています。装置販売だけでなくサービス、メンテナンスを自社完結するとともに、高い技術サポートによってお客様の価値向上を実現してきました。そんな当社には、活躍のフィールドは無限に広がっています。なかでも海外に赴き、海外の最先端の技術に直接触れることは、大きな刺激となるはずです。そして海外の進んだ製品＆技術を持ち込むことによって、日本の研究開発や製造現場に革新をもたらすことも可能です。そんな仕事の醍醐味が、自身の成長を促します。始まったばかりのWoyton Technologiesの歴史を作るのは、若い世代の方々です。

会社DATA

所在地	神奈川県横浜市中区海岸通4丁目17番地 東信ビル2階
設立	2019（令和元）年7月
代表者	片桐　修
資本金	500万円
従業員数	7名（2023年3月末時点）
事業内容	半導体製造装置、三次元測定システム等の輸入販売
URL	https://woyton-technologies.co.jp

グローバル電子株式会社

メーカー機能を併せ持つ電子部品商社。アナログ・センサ技術に強み
――社員のスキルアップを支援。自由で闊達な意見尊重の風通しの良さで低い離職率

ここに注目！
世界約 50 社の一次代理店。自社のアナログ・センサ製品も提供
グループ会社で医療・介護福祉・保育施設向け医療機器を開発・製造

グローバル電子は特色のある電子部品商社だ。世界約50社の一次代理店としてセンサ、半導体、機構・受動部品、電源などの電子部品・機器を販売する一方、1978年の創業以来、一貫してアナログ技術、センサ技術に磨きをかけ、それを組み込んだカスタムモジュールやボード、センサ応用製品を開発・販売している。さらにグループ会社のグローバルマイクロニクス株式会社では乳幼児用体動センサ「BeBeシリーズ」など医療・介護福祉・保育施設向け医療機器を開発・製造している。このほか、住宅建材や、中国・大連市の現地法人で製造するヒートシンク（放熱器）もある。音や温度など自然界の事象は基本的にアナログ量であり、そのアナログ量を正確に測定する技術がまず重要だ。アナログ技術があって初めてデジタル技術が生きる。一木茂社長は「アナログ技術を追求し極め、社会に貢献する」と強調する。

19年にグループ開発センター開設。メーカー機能を強化し商社との利益構成を半々へ

グローバル電子がメーカー機能のマツダマイクロニクス（現グローバルマイクロニクス）を設立したのは、創業から6年後の84年と早い。「市場の要求にスピーディーに応え、付加価値を持った製品サービスを提供するため」（一木社長）で、創業者である松田樹一会長の先見の明が光る。2000年代に入ると、シンガポール、香港、中国・深圳に海外拠点を設け、「日本の電機メーカーなどの海外進出により、現地で部品を調達するニーズに対応した」。グループ全体に占めるメーカー部門の比率は約20%と、コア事業である電子部品商社の比率のほうが大きい。将来的には、全体の売り上げを伸ばす中で「商社とメーカーの利益構成を半々にするのが理想」と言う。

そのための切り札と位置づけるのが「アナログ技術とセンサ技術のクリエイト」だ。そのスピードを加速するため2019年10月、東京都新宿区納戸町に「グループ開発センター」を開設した。同センターは介護・医療、農業、省エネルギーなど新たな分野でのセンサ、IoT（モノのインターネット）機器の研究・開発機能としての役割を果たす。

アナログは常に変動している情報をそのまま表すことができるが、ノイズ等に影響されやすく、データの再現や復元が難しい。昨今、アナログ技術者は減ってきている。一木社長は「アナログは経験値が大事。暗黙知と考えると極めるには時間がかかるが、付加価値が高く、守り続けなければならない」とアナログ技術を追求し、デジタル技術との複合を目指す考えだ。

充実したスキルアップ・自己啓発への支援

グローバル電子は海外の約50社が仕入先となっているだけに、

多彩な取扱いセンサ製品群

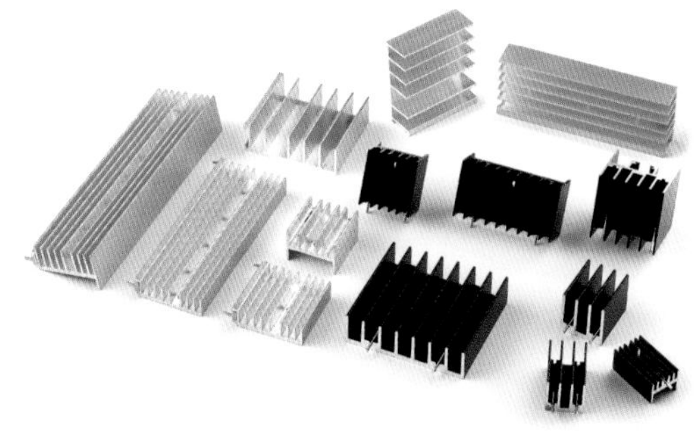
中国大連市の自社工場で開発・製造するヒートシンク

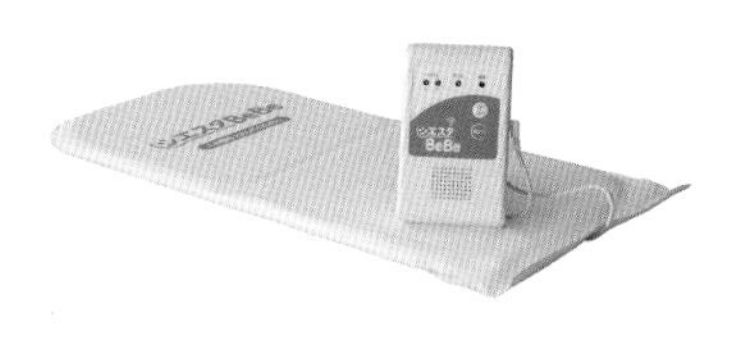

乳幼児用体動センサ「シエスタBeBe」

新設したグループ開発センター

小中学生向けセンサを使った工作教室

海外メーカーとのコミュニケーション能力を高めるための支援制度が充実している。その中の一つが「入社後にTOEIC 570点以上、英検2級以上を取得すれば、毎月1万円を3年間にわたり支給する」というもの。英語を学ぶうえで、大きな励みとなるだろう。このほか、会社の業務に関係があれば、セミナーなどの費用を全額支給する。「社員のやる気を応援する」と言う。

また、目標管理制度による人事考課は上下のコミュニケーションの促進のツールと位置づけ、目標については、本人の自己評価を含め上司と面談して決める。一木社長は「初めて日本に持ち込む商材はゼロから立ち上げるため、成果を得るまで2～3年かかる。結果だけでなく、課題にいかに取り組み、克服していったかのプロセスを評価しないといけない」と説明する。

社内コミュニケーションが活発であり、自分の意見が言いやすい・自己主張ができる雰囲気でオープンな議論が行われる等、自由で闊達な意見交換を尊重している。また、定時を過ぎても、上司が帰り支度を始めるまでは誰も帰社できないといった社内の雰囲気を悪くする規則やローカル・ルールが少ないのも特徴だ。

経営理念に「会社の飛躍と個人（社員）の幸福を求める」と定め、会社と社員が同列であると謳っているとおり、風通しが良い社風なので、同社の離職率は低く、「全国平均の3分の1ほど」にとどまる。直近3年間の新卒社員は1人も辞めていない。

わ｜が｜社｜を｜語｜る

代表取締役社長
一木　茂氏

「挑戦したい」という思いをグローバルなフィールドで

資源に乏しい日本にとって、当社のコアビジネスである商社はこれからも重要であり続けます。欧米、中国や東南アジアなど多くの国々の人と接する機会があり、私も海外の方と異文化ながら理解し合い、同じゴールを目指してきました。仕事を通じた経験で視野や人脈も広がり今につながっています。若い人にも、同じように世界をフィールドに活躍してもらいたいと考えています。

また、当社はアナログ技術とセンサ技術をコアとしたメーカー機能を強化しています。私たちが新たに挑戦しているフィールドです。変化の速いエレクトロニクス業界では変化に対応し続け、新たな事業を切り拓くことも必要です。「挑戦したい」という思いを私たちは大事にします。私たちの目指す様々なフィールドで共に挑戦していきましょう。

会社 DATA

所 在 地：東京都新宿区箪笥町35番地　日米TIME24ビル
設　　立：1978（昭和53）年7月18日
代 表 者：松田 樹一、一木　茂
資 本 金：8,300万円
売 上 高：133億3,700万円（2022年6月期）
従業員数：単体160名、グループ連結311名（2023年3月時点）
事業内容：電子部品、電子計測器の製造・輸出入・販売、医療機器販売、住宅用建材の製造・販売
U R L：https://www.gec-tokyo.co.jp

佐川グローバルロジスティクス株式会社

高度・一貫物流を実現
——SGホールディングスグループのロジスティクス企業

ここに注目！

「モノと想いをつなげる」
先端のロボティクスとデータ活用で物流を進化

佐川急便を中核とするSGホールディングスグループのロジスティクス部門を担うのが佐川グローバルロジスティクスである。同社は全国各地に物流倉庫を構え、保管・仕分け・物流加工・情報管理といった倉庫の運営に関する業務を幅広く手がけている。日中間や中国国内の物流業務にも力を入れ、社名にうたったグローバル（世界的規模の）ロジスティクス（高度化された一貫物流）を日々、成長発展させている。

現在、大都市を中心に全国97拠点を構え、1,000社にも及ぶお客様のニーズに応えている。拠点数は数年後に100を超える見通しだ。

ロボティクスとデータ活用は成長に欠かせない

2020年に竣工した次世代型大規模物流センター「Xフロンティア®」内で同社はECプラットフォームを運営している。労働人口減少に加え、ECの需要が高まる中、現在の水準で物流を維持するにはロボティクスの力が欠かせない。作業中の歩行距離を減らす棚搬送ロボットや自動立体倉庫、段ボールの使用量が少なく環境面での評価も高い自動梱包機など、省人化を実現する機械を多数導入している。同社の物流ソリューション部では効率的なレイアウト設計から機械の効果検証まで、緻密な計算を基に現場設計を行っている。「人とロボティクス」の融合を掲げたこの拠点では、従来のオペレーションにかかる人数の約半数で運営することが可能になった。

また、これまで積み重ねてきたデータの活用にも着目し、拠点展開や輸送網までサプライチェーン全体を網羅した物流提案を行うコンサルティングサービスも始めている。データを読み解き、需要予測などに発展させることで、さらに効率的な物流が実現できる。

コロナ禍でも社会インフラとして活躍

同社は新型コロナウイルスワク

SGホールディングスグループの中で、ロジスティクス事業を展開。コンサルティングやプラットフォーム物流（通販物流）、オーダーメイド物流、輸送チャーターを得意とする3PL企業

顧客の経営課題を理解したうえで物流コスト削減やサービスレベルの向上など、最適なロジスティクスを提案し、業務改善に貢献

資材、機材（マテハン）を調達・設計する専門スタッフを揃え、顧客の用途、作業性、環境面等に配慮したロジスティクスソリューションを資機材面からもサポート

物流施設において、現場設計・システム・マテハン機器等を顧客の事業内容・流通形態・商流に合わせて構築

チンの保管、仕分け業務を多くの自治体から受注した。使用期限が短く、厳密な温度管理が欠かせないワクチンの出荷では、迅速さ、正確さが何より求められる。難易度が高い業務であったが、社内で迅速にプロジェクトを立ち上げ、担当者の教育から庫内設備まで、オペレーションの準備を整えた。自治体ごとのニーズに応えながらも、個々の倉庫での事例やノウハウをスピード感を持って全国に水平展開した。「破損やミスによるワクチンの廃棄がないなど、自治体担当者様からも高い評価をいただいております」（広報）。

外出がままならないコロナ罹患者へ向けた配食も、ワクチン同様、全国各地で請け負い、物流で人々の暮らしを支え、社会的責任を果たした。

中国経済の発展とシンクロする

海外展開では中国での取り組みに力を入れている。中国物流会社の買収などにより、中国国内および日中間の一貫物流体制を強化・拡充している。自動運転車両の導入やアプリと連動した貨物のリアルタイム追跡など中国国内で物流に関わるテクノロジーの進化も目覚ましい。日本で培ってきた倉庫運営の知見と、ローカルのネットワークを駆使して活躍の場を世界に広げている。

ロジカルな思考と創造性で活躍の場が広がる

リクルート面では毎年、60〜70人ほどの新卒を採用し、正社員の男女比では、女性が3〜4割の比率。「特に、ここ2、3年は女性が増えて、新卒の半分以上が女性の年もあります」（広報）。倉庫内では、日々より良いオペレーションを目指して改善が欠かせない。物事を数字で捉える力、ロジカルな分析力とともに、アイデアや創造性も求められる。これからも物流管理システムやロボティクス、データサイエンスといった領域での人材が欠かせないと見て、理系人材の積極的な採用を進めている。

|わ|が|社|を|語|る|

代表取締役社長
山本 将典氏

お客様とともに進化するベストパートナーを目指して

今日の企業を取り巻く環境は、世界経済の潮流や、地政学的リスクの顕在化など依然として先行き不透明な不確実性の高い状況が続いていることに加えて、環境保全への対応など、企業経営に大きな影響を及ぼしています。私たちも倉庫事業にとどまらず、DXやSDGsへの取り組み、物流のデータ分析に特化したコンサルティングサービスなど、サプライチェーン全体を網羅する広い領域でお客様の物流をサポートいたします。

倉庫での業務は、より良い方法、より効率的なオペレーション、日々改善の連続です。これからも、従業員一人一人が知恵を出し合い、新たな価値を創造できるロジスティクスのプロフェッショナルであるために挑戦を続けてまいります。

会社 DATA

所在地：東京都品川区勝島1-1-1
設立：2013（平成25）年5月
代表者：代表取締役社長　山本 将典
資本金：34億5,000万円
従業員数：7,665人（2023年4月1日現在）
事業内容：ロジスティクス事業
URL：https://www.sagawa-logi.com/

日本電計株式会社

電子計測機器でナンバーワンのテクニカル商社
――海外12カ国・地域51拠点を構え、グローバルな事業を展開

国内外5000社に達する広範な調達ネットワーク
ADAS、自動運転、IoT、5Gを重点に新市場を開拓

日本電計株式会社は、電子計測機器の総合商社として、日本最大の売り上げ規模を誇る。取引先もソニー、キヤノン、パナソニック、トヨタ自動車、日立製作所など日本有数の企業が並ぶ。近年は計測機器に続く新事業として、自動運転技術関連などの成長分野に進出、事業領域を拡大させている。

同社が取り扱う計測器は、電気信号の波形を計測するオシロスコープや周波数別の強度を分析するスペクトラムアナライザー、電圧や電流・抵抗を測定するデジタルマルチメーターなどの電機・電子分野の研究開発には不可欠なものから、ニッチな分野の特注品まで多岐にわたる。調達先計測器メーカーは、国内外含めて5000社にのぼる。

目利き力で顧客から信頼

同社の強みはこれら膨大な製品群の中から、顧客にとって最適な装置を見極め提案できるテクニカルな力があることだ。同社の営業担当者は、計測器メーカーの営業担当者と競合することもある。製品そのものはメーカー担当者の方が詳しいが、顧客は幅広い製品知識を持つ日本電計の担当者の目利き力を評価し、同社からの購入を選ぶという。

海外の計測器メーカーの中には、日本電計が国内唯一の代理店となっているところも多い。ドイツやデンマークなどの計測器が強い国々の企業から、日本での販売を託されている。最近では中国の計測器メーカーとも取引を始めており、取扱品目はさらに拡大する見込みだ。

同社は計測器に次ぐ新たな事業の育成にも取り組んでいる。次世代自動車市場、先進運転支援システム(ADAS)・自動運転、IoT市場、次世代通信5G市場の4分野を重点市場と位置付け、計測器の提供だけでなく、受託試験など顧客が

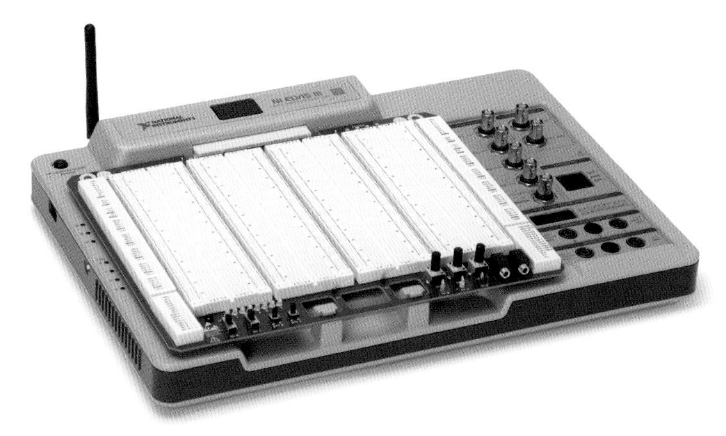

ナショナルインスツルメンツ社のエンジニアリング実験ワークステーション(ELVIS)の導入から教育までの支援体制を整えている(担当:NI事業開発部)

ADASテスト用の車両ターゲット

車両ターゲット用自走式プラットフォーム

ADASテスト用のモーターサイクルターゲット

ADASテスト用の歩行者ターゲット

求める幅広い機能を提供していく。

その中でも現在特に力を注ぐのは、自動車関連。このほどADASの受託試験を開始した。自動車メーカーは新車を販売する前に、国が定めた安全性能試験を受ける必要がある。同社はこの試験を行うテストコースを使って、自動車メーカーや自動車部品メーカーが事前にテストデータをとることができるサービスを始めた。自前で走行試験の設備を持たない企業でも迅速に性能を検証できるものとして、好評を得ている。

多彩なキャリアパスと魅力的な福利厚生

同社の取引先は大企業の研究開発部門が多いが、担当者は理系だけでなく文系出身者も多い。電機・電子に関する基礎知識の習得は入社後習得する仕組みができている。何より重要なのは自分が担当する企業のことを好きになり、その企業がこれから何をしようとしているのかを探求する意欲だという。

2022年に人事制度を大幅に見直し、総合職や地域総合職といったキャリアパスを目指すコースと、技術プロフェッショナルを目指すコースなど、いくつかの選択肢を用意する仕組みにした。自分自身のライフプランに合わせて変更も可能だ。評価制度についても、業績評価や能力評価に加えて、リーダーシップや協調性があるかといった多面的な角度で評価する仕組みに改めた。

様々な研修制度を用意し、自己研鑽ができるように配慮している。例えば海外研修制度は、貿易実務を学んだうえで1年間の海外研修を受けられるというもの。海外での仕事のやりがいを実際に体験してもらい、将来の海外赴任に備えることができる。

同社では福利厚生の一環として、年に1回社員に旅行をプレゼントする制度もある。子会社の旅行会社が提供する旅行プランの中から自由に行きたいところを選べる。旅行代金15万円とお小遣い5万円分を会社が支給し、家族単位で楽しんでもらおうというものだ。社員から好評なだけでなく、会社にとっても有給休暇の取得率向上につながる制度だ。

|わ|が|社|を|語|る|

代表取締役社長
森田 幸哉氏

研修制度の充実で安心して入社してもらえる

「風通しがいい」のが当社の特徴です。社員が直接自分の意見を言いに来ても、それに対して真剣に聞き相談に乗るようにしています。2022年は物価高騰への対応として、全従業員に一律10万円を支給するインフレ手当も出しました。社員の誕生日には必ずプレゼントを渡すなど、とにかく社員を大切に考えています。ただ、お客様は大企業が多いので、こちらの話を聞いてもらうには勉強が欠かせません。そのための研修制度は充実させているので、安心して入社してもらいたいですね。当社は海外12の国と地域に51拠点を構えています。海外赴任を希望すればほぼかなう環境です。是非積極的な挑戦を待っています。

会社 DATA

所 在 地：東京都台東区上野5-14-12　NDビル
設　　立：1950（昭和25）年9月4日
代 表 者：柳 丹峰（代表取締役会長）、森田 幸哉（代表取締役社長）
資 本 金：11億5,917万円（東証スタンダード上場）
従業員数：単体539名　連結：1,095名（2022年3月31日現在）
事業内容：電子計測器・各種システム機器・電子部品などの販売製造およびリース業務・レンタル業務
U R L：https://www.n-denkei.co.jp/

◢明光電子株式会社

早く、広く、深く、国内産業メーカーをサポートする電子の統合商社
――「専門商社」と「便利屋」の二面性を併せ持ち唯一無二の存在感を示す

ここに注目！

調達から技術サポート、製造、検査に至る統合サポート力
産業分野のIoT開発をシステムレベルで支援、提案できる営業力

半導体や電子部品の品薄状態が続いた2022年。多くの国内メーカーが半導体不足に直面するなかで、ひときわ存在感を示した企業がある。半導体、電子部品の統合商社、明光電子株式会社だ。仕入先総数1,000社。日常的に仕入れする企業だけでも国内外300-400社を数える。「明光に問い合わせれば、モノがあるかもしれない」という企業が後を絶たず、最終的に2021年8月期は15億の特需が生まれた。根本敬継社長は、「世界中からモノ探しができる。在庫がない、納期が見えないという顧客に対して10個や100個程度なら何とか調達できるネットワークがある」と、胸を張る。

1979（昭和54）年に福岡市で創業。「他社がやりたがらない小口の顧客が多い九州で地盤を固め、首都圏に進出した逆張りの会社だ」（根本社長）。それゆえ価格競争に陥らず、顧客ととことん向き合うことで、サポートと納期を優先する明光電子の特異性が育まれた。いわば専門商社の顔と便利屋の顔を持つ二面性。新製品の情報、技術対応など専門商社としての深い知識と、便利屋としての素早いレスポンス、さらに多くの仕入先を持つ幅広いネットワークを生かし、明光電子は「早く、広く、深く」をモットーに、成長を遂げてきた。

調達力とシステム提案力の二刀流

産業分野に特化して、自動車や家電といったロット数の多い量産モノは扱わない姿勢も明確だ。海外工場を持ち現地調達する企業はターゲットにせず、産業機器メーカーの製品開発から一体となって部品を選定し、その調達から技術支援、製造、検査まで一括サポートするような顧客伴走型のビジネスが、同社の持ち味と言える。根本社長は、「便利屋としての調達力とともに、顧客の製品開発の企画段階から参画してビジネスを進められるシステム提案力。この二刀流が当社成長の原動力」と解説する。

今後スマート社会が一段と加速するのに伴い、半導体、電子部品の需要は一気に膨れ上がるのは確実と見られる。こうしたなか同社が進めているのが、産業分野のIoT開発ビジネス。センサー、コントローラー、マイコン、無線モジュール、中継器といった部品ツールを用いて、顧客のIoT開発をシステムレベルで支援、提案することだ。「半導体や電子部品の単体販売もあるが、最近はモジュールやユニットでの提供が増えている」（根本社長）と言うように、もはや明光電子の役割は単なる商社機能に留まらない。消費財のように数は出なくても、ライフサイクルの長い産業分野のシ

幅広い調達力とシステム提案力を併せ持つ電子の統合商社
福岡メンバーによるイベント活動（モノづくりフェア出展）の様子

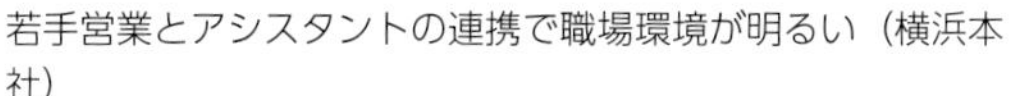
若手営業とアシスタントの連携で職場環境が明るい（横浜本社）

活躍する北関東営業所の若手社員達

ステム開発領域を広く抑えることで、10年、20年と続くロングテールビジネスを広げようという中長期戦略がうかがえる。

営業マンとして成長できる環境と手厚い処遇制度

幅広い顧客と深く関わるため、顧客との会話を通じて社員も育つ。だから、同社の営業社員は、必ずしも理系出身ではない。入社時は、電子・半導体の知識を全く知らない営業社員も多い。「商談の中で顧客が技術的な基礎知識を教えてくれる。その代わり困ったことを聞いて、最新の製品情報など有益な情報を提供する姿勢のギブアンドテイクが不可欠」（根本社長）と言う。社内研修も盛りだくさん。電気の知識を養うため、技術部門が独自作成した電気テストを月一回実施。勤続年数に関係なく、時間さえあれば満点を取れる内容とし基礎を学べる環境を用意している。さらに仕事の楽しさを知り、プラス思考にするため、アスリート系のメンタルトレーニング会社から講師を招いたスーパーブレイントレーニングを10年前から導入。全部門を対象に若手と中堅、幹部クラス別に月1回開催するという熱の入れようだ。

「ウチは社員に報酬を与えるだけでなく、計画的に貯金して、家庭を築ける会社」（根本社長）と言うように、高い初任給のほか、数々の報奨金制度や年率6%の社内預金、充実した家族手当などを整備。また社員の健康管理にも配慮し断食道場の法人会員となっている。年93億円の売上を稼ぎ出す高収益のベースには、前向きに生きる社員一人ひとりの力の結集があるに違いない。

わが社を語る

代表取締役
根本 敬継氏

電子・半導体分野のプロとしての高いレベルの仕事を目指す

エレクトロニクス業界は、IoT、人工知能（AI）をはじめとする情報通信技術を中心に、想像を絶するスピードで日々変化しています。当社は、その変化をチャンスと捉え、最先端テクノロジー、新しい技術の中から、真に価値のあるものだけを的確に選択し、お客様のニーズにお応えできる商品、サービスを企画段階から提案し、開発から量産に至るまでをサポートします。長年にわたって培ってきた幅広い仕入先、開発パートナー、モノづくりのネットワークを活かし、連携することで、お客様の課題の解決とサポートに全力を尽くします。さらに、電子の専門商社として技術者と一体となって深いサポートを行い、一人の営業マンが、電子のすべての分野においてプロとしての高いレベルの仕事を目指します。

会社 DATA

所在地：（横浜本社）横浜市港北区新横浜3-18-9 新横浜ICビル4F
（福岡本社）福岡県大野城市東大利3-9-2
設立：1979（昭和54）年7月20日
代表者：根本　敬継
資本金：9,900万円
従業員数：92名（2022年9月現在）
事業内容：・半導体、電子部品の販売　・製品開発技術サポート　・受託製造
・購買代行　・倉庫業（在庫管理代行）
URL：https://www.meicodenshi.com

アトムリビンテック株式会社

伝統を活かし、変革に挑む住宅用内装金物のトップランナー
――家具金物と建築金物を融合した独自の事業ドメインで豊かな住空間を創造

ファブレス、ファースト精神、全方位的営業が織り成す競争優位性
現場の声を吸い上げ、いち早く商品開発につなげるモノづくり力

「アトム」のブランド誕生は1954（昭和29）年。手塚治虫氏のアニメ「鉄腕アトム」がテレビ放映される以前の出来事だ。ドアや引戸、折戸などの建具金物、クローゼットなどの収納の金具を幅広く扱うアトムリビンテック株式会社。「アトム」には事物を構成する最小の単位（原子）という意味合いがあり、モノづくりの原点として「微細なものをないがしろにしない」、また創業者から伝えられている「基本に忠実であれ」という思いがこめられている。ブランド誕生から間もなく70年、アトムリビンテックは住空間を豊かにする内装金物（住まいの金物）のトップランナーとして、一段の飛躍を目指している。

8割がオリジナルブランド

創業は1903（明治36）年、指物金具の製造を発祥に、家具類に使われる装飾金具の受注生産で成長し、戦後は主に住宅に用いられる丁番、ドア錠、取手類の開き戸金具や、戸車、レール、引手といった引戸金物を軸に事業を拡大。やがて家具金物と建築金物を融合させた内装金物（住まいの金物）という同社独自の事業ドメインを確立した。現在は、家具メーカーや大手ハウスメーカー、住設メーカー、建築金物店といった全方位の販路を持ち、取り扱いアイテムは5万点を優に超えるが、約8割がオリジナルブランドの商品というから驚きだ。工場を持たないファブレス企業として効率的な収益基盤を構築する一方で、「こんな商品があったらいいな」という現場の声を吸い上げ、他社に先駆けて商品を開発する「ファースト精神」が、同社の強みになっている。

例えば、リビングを仕切って部屋を分割できる移動間仕切り金具「SWシステム」。コロナ禍によるリモートワークの普及で、一気に引き合いが増えたが、現場から聞こえてきたのが「マンションの梁が邪魔して仕切れない」という切実な訴え。そこで考案したのが、梁下のデッドスペースに専用の開き戸を設けてしまうこと。天井に梁があってもピッタリ仕切れるようにしたばかりか、部屋の行き来もできる一石二鳥の製品を誕生させるに至った。また、業界では空前のヒット商品になった「引戸ソフトクローズ」をはじめ、数多くの独創的な内装金物を先駆的に世に送り出してきたアトムリビンテック。このファースト精神や全方位の販売ネットワークをベースに、圧倒的な競争優位性を確保してきた。

ただ、少子高齢化やライフスタイルの変化など、住空間に対する人々の意識は多様化しつつある。従来路線の延長では一段の成長は望めない。こうした中、同社は2024年6月期までの第11次中期経営計画で、「ウィズコロナ時代に呼応する事業スタイルの構築」を基本方針に掲げ、市場ニーズを先取りしたモノづくりや周辺の事業領域の拡大をテコに新たな変革に取り組んでいる。梁下対策を施した間仕切りシステム金具はその一例であり、ほかに抗菌、抗ウイルス対応商品や非接触、非対面を前提にした商品を充実化。東京・新橋のアトムCSタワーに設置した商談スペースを活用し、介護施設や保育施設などの非住宅部門を対象にした販促活動も積極化する。

「移動間仕切金具SW-900」フレキシブルな間仕切りでリビングを分割、奥の部屋をワークスペースに

室内ドアレバー

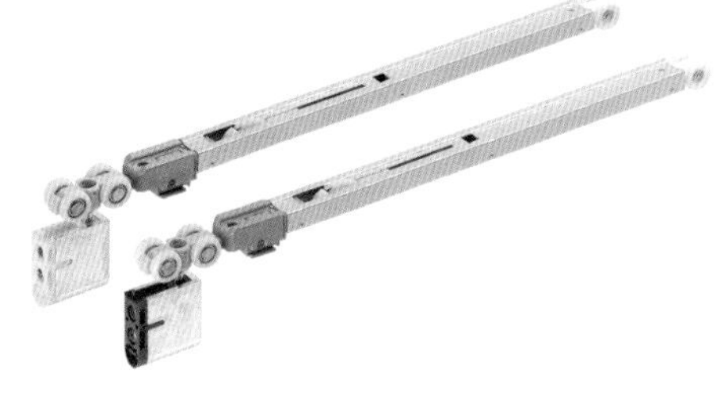

ソフトクローズ

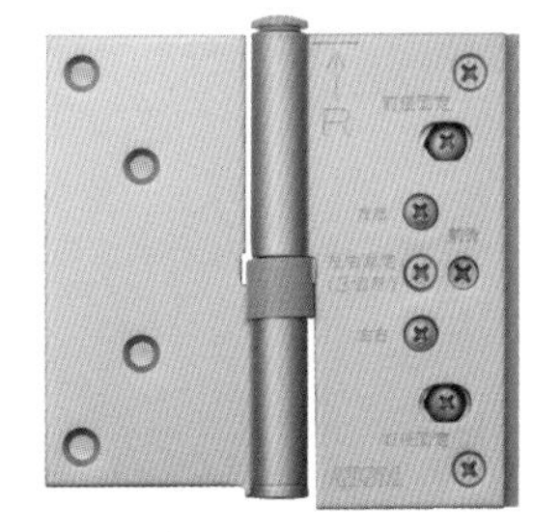

ドア用丁番

ハンドル

戸当り

創業120年、ブランド創設70年を迎えロゴ刷新を計画

一方、企業の社会的責任（CSR）の観点から、環境に配慮した企業活動にも力を入れ、2023年1月には、科学的根拠に基づいた温室効果ガスの削減目標を設定する「SBTイニシアティブ」の認定を取得。さらにDX導入による業務改善と働き方改革を推進しているほか、株主優待制度を廃止して配当による利益還元に集約するなど、企業価値向上の取り組みを本格化させている。そんな同社の魅力が徐々に高まり、最近は若い社員が増えている。入社後は、一人ひとりに教育担当者を付けて、じっくり学んでもらえる環境を整えている。

2023年10月に創業120周年、2024年1月にブランド創設、同年10月には法人改組70周年という記念すべき節目の年を相次ぎ迎えるのを機に、アトムブランドのロゴ刷新を計画しており、近く最終案を固める模様だ。伝統と変革を通じて住空間創造企業を目指すアトムリビンテックの新たな時代の幕開けが始まる。

|わ|が|社|を|語|る|

代表取締役社長
髙橋 快一郎氏

住生活を通して、広く社会に貢献

当社の創業者は、繊細な細工の技術を要する錺職でした。社訓の「独り歩きのできる商品づくり」は、創業者の遺した言葉に基づくもので、販売に際して、巧言令色や誇大な表現を添えずとも「ひと目でその価値が相手に伝わる商品」を指します。また当社の社是は「創意・誠実・進取」ですが、企画開発を旨とする企業として「創意・進取」は元より、独り歩きのできる商品であればこそ、販売に際して「誠実」が貫き得ると考えております。

住宅金物を取り巻く環境が大きく変わりつつあるなか、当社は市場ニーズを先取りした「ものづくり」の推進に積極的に取り組み、付加価値のある新たな商品を創り出していくことが必要と考えます。そして永続的に「より良い金物を自ら考え、自ら普及させていく」との理念を全うし、住生活を通して広く社会に貢献してまいります。

会社 DATA

所在地：東京都台東区入谷1-27-4
創業：1903（明治36）年
設立：1954（昭和29）年
代表者：髙橋 快一郎
資本金：3億74万5千円（東証スタンダード上場）
従業員数：128名（2022年6月30日現在）
事業内容：住まいの金物（内装金物）の企画・開発・販売
URL：https://www.atomlt.com

サンコーテクノ株式会社

建設資材「あと施工アンカー」で成長・発展中
——インフラ補強など土木分野に照準

ここに注目!
独創的製品がトップシェアを維持
開発・製造・販売・施工の一貫システムで市場を席巻

「ファスニング」とは、ファスナーの類似語で、締めること・留めることを意味する。このファスニング関連製品の取り扱いで右肩上がりの成長・発展を続けているのがサンコーテクノ株式会社である。具体的には「あと施工アンカー」という建設資材を、開発・製造・販売・施工・調査試験の一貫システムにより供給し、国内はもとより、海外市場も開拓している。

あと施工アンカーとは、その名の通り、建物の上屋などが出来上がったあとに部材や器具を取り付けるためにコンクリート等に打つアンカー（ねじ、釘の類い）を指す。あと施工のため、ナットでボルトを固定するような作業は難しく、固定するための工夫が求められる。

グレゴリー・ペック主演の映画「白鯨」は、巨大な白クジラと捕鯨船の船長の闘いを描いている。映画では、クジラに刺さった銛（もり）が抜けないように、銛の先端が開くシーンがある。同社創業メンバーの一人が「白鯨」を観ていて、そのシーンに遭遇した時、思いがけず「これだ」とひらめいた。打ち込んだアンカーの先端部分が拡がれば頑丈に固定できる、という連想だ。

特許が切れても売れ続ける

ひらめきは正解だった。拡がるアンカー＝「オールアンカー」として商品化され、大好評を博した。特許（期間20年）が切れて競合品が出回っている今でも売れ続けている。同社では、オールアンカーのほかにも多種多様な独創的アンカーを開発し市場を席巻。数十社が競う「あと施工アンカー」市場で約40%のトップシェアを誇っている。

もともと建築関係の需要が主体であったが、ここへきて土木関連が大きく伸びている。道路、橋、トンネルをはじめとする日本の社会インフラは老朽化が進み、耐用年数を迎えているものも少なくない。新設から維持保全へ、コンクリート構造物も最近では補強・改修で対応するケースが数多い。そうした補強・改修にうってつけなのが「あと施工アンカー」なのだ。

洞下英人社長は「橋の柱を太くする、駅舎を改修する、地下鉄のトンネルを補強するなど、さまざまな用途で使われている」と需要の広がりを説明する。今後も社会インフラの大規模改修が相次ぐのは必至なことから、同社では、土木・インフラ関連を重点市場と見定めて、その掘り起こしにさらに力を入れていく。

同社の特徴の一つとして、早くから海外に進出しグローバル展開を進めていることが挙げられよう。30年ほど前、タイに販売・製造拠点を開設したほか、ベトナムや台湾に販売拠点を設置し、各国市場を開拓している。洞下社長は「将来的にはアジアに続き欧米市場にも進出する」と、世界市場の開拓を視野に入れている。

第2の柱を支える人財と採用

大黒柱の「あと施工アンカー」

芯棒を打ち込むことにより、先端部が拡張する「あと施工アンカー」

ファスニング事業製品群

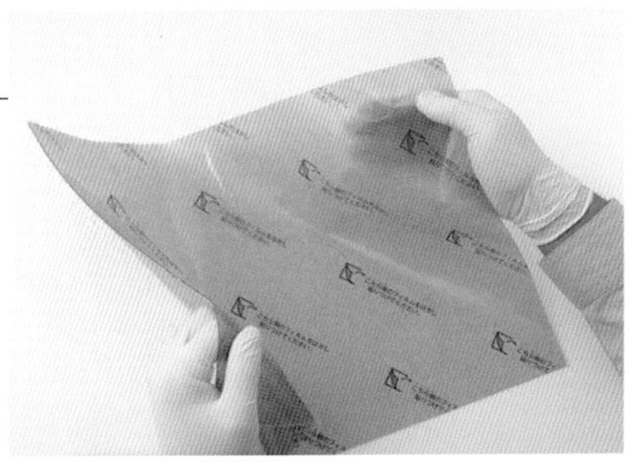

横断歩道橋補修にも使われる紫外線硬化型FRPシート「e-シート」

創造提案型企業の研究開発体制を支える「ものつくりテクニカルセンター」

に続く第2の柱となるのが、紫外線硬化型FRP（繊維強化プラスチック）シートや呼気アルコール検知器などの製品群で構成される「機能材事業」だ。自由自在に曲がる紫外線硬化型FRPシートは、紫外線を当てると硬化するシート状の製品。浴槽やプレジャーボート、クルマのバンパー補修や、ガソリンスタンドに埋没しているタンク補修、さらには歩道橋といった公共設備の長寿命化などにも使われている。呼気アルコール検知器は、2011年から運送業や旅客鉄道業（いわゆる緑ナンバー）向けにアルコールチェックが義務づけられる中で、最近急速に採用実績を伸ばしている製品だ。今後、「安全運転管理者」を設置する企業（白ナンバー）も義務づけが決定しており、需要の広がりが期待されている。

リクルートでは新卒、中途の両方の採用に力を入れており、特に技術系の新卒人財を広く募集している。技術研究所では開発技術者を、ファスニング本部やエンジニアリング本部ではセールスエンジニアを必要としている。こうした人財育成は一朝一夕に行えるものではないことから、新卒からコツコツ育て上げることを重視している。

一方でダイバーシティにも目を配り、女性や外国人の採用も積極的に行っている。女性に関しては、全社員のうち3割を占めている。もともと男社会の業界であったが、この5年ほどで急激に変化しているという。産休・育休後の復職支援や子育て支援などはもちろん、社内に設けた女性活躍推進協議会では各拠点とのWEB交流会などを行っており、会社全体で働きやすい環境づくりに取り組んでいる。

わ｜が｜社｜を｜語｜る

代表取締役社長
洞下 英人氏

先を見て、準備し、提案する企業に

企業は環境適応業であり、時代に適応することが大切です。

これから先はリニア新幹線や大阪万博があり、大規模改修案件もたくさん出てきます。また、トルコ地震を受けて世界中で耐震補強の需要が膨らむでしょう。先を見て、何を準備したらいいかを考え、どうすればよいのかを提案する『創造提案型企業』が、当社の理念です。

社名のサンコーは「社会と会社と社員の三つの幸せ」＝三幸に由来します。毛利元就の「3本の矢」や、正三角形の安定感が示すように、3は神秘的な数字。当社ではバランスを重視しており、目下、機能材事業に続く第3の柱を模索しているところです。

会社 DATA

所在地：千葉県流山市南流山三丁目10番地16
設立：1964（昭和39）年5月
代表者：洞下（ほらげ） 英人
資本金：7億6,800万円（東証スタンダード上場）
従業員数：（単独）342人　（連結）622人（2023年3月31日現在）
事業内容：建設資材（あと施工アンカー・ドリルビット・ファスナー等）、複合材、各種測定器の企画開発・製造・販売・施工および輸出入
URL：https://sanko-techno.co.jp/

中央復建コンサルタンツ株式会社

「本質を極める」総合まちづくりコンサルタント
——未来を先読みした問題発見能力で高い評価

住民の想いを徹底的に汲み上げる「まちづくり力」
真に求められる技術者集団として価値創造企業を目指す

日本初の都市計画に基づいた藤原京の成立（西暦694年）以来、まちづくりは日本の「国づくり」の根幹だった。中央復建コンサルタンツ株式会社（CFK）の設立も、「国づくり」への貢献から始まった。戦後、中国大陸から引き揚げてきた南満洲鉄道のエンジニアが、日本の戦後復興のために立ち上がったのだ。1946年、戦後混乱期に大量発生した失業者救済のための公共事業投資に貢献するため、満鉄が持つ中国東北部での鉄道と沿線の都市開発のノウハウを活かして、前身となる社団法人復興建設技術協会を大阪に設立。測量調査事業を始めた。その後は高度経済成長の波に乗って事業の幅を広げ、東京進出で全国展開を実現した。本拠地で発生した阪神淡路大震災や公共事業削減といったピンチにも直面した。

地元に飛び込んでまちづくりに取り組む

そうした逆風下で生き残れたのは、CFKの強みがあればこそ。その一例が2011年3月の東日本大震災で8割もの家屋が被害を受けた宮城県女川町の復興まちづくりだ。同年6月、同社に「女川町の復興計画策定をサポートしてほしい」という依頼が舞い込む。同社は住民とワークショップを開くなど、住民の想いをきちんと汲み上げた。担当者はまちづくりコーディネーターとして仮設商店街のバーや休日のイベントなどにも顔を出し、町民たちの話を聞きながらまちづくりをデザインした。再生したまちの中心部となるJR女川駅周辺の「レンガみち」と呼ばれるプロムナードに沿って、商店街やコワーキングスペース、温泉といった賑わいのスポットが立ち並ぶ。女川町のまちづくりは、グッドデザイン賞やアジア景観賞、都市景観大賞の国土大臣賞を受賞するなど高く評価されている。

今後の成長戦略としてCFKが取り組んでいるのが「SFプロトタイピング思考」だ。「SF思考」で考えた未来をもとに、未来から逆算して現在すべきことを考える手法。「こうありたい」「こうあるべきだ」との理想を掲げ、実現するためには何をすべきかを計画していく。その手法で提案したのが、沖縄県が実現を目指す「那覇-名護間を1時間で結ぶ鉄軌道計画」だ。日本で最も酷いと言われる道路渋滞の解消に加え、均衡あ

海を眺めてくらす女川町のまちづくり

那覇‐名護間を1時間で結ぶ、沖縄初の鉄道（沖縄県HPより）

六甲山で開催したオフィス環境のワークショップ

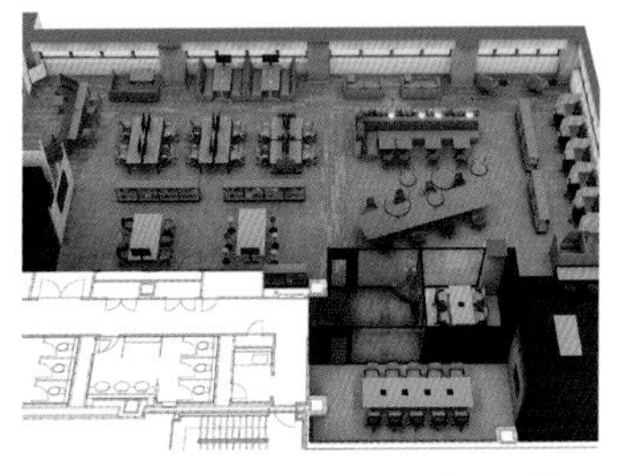

業界の先駆けActivity based Working

る県土構造の構築や、産業・経済の振興といった観点から、沖縄県民にとっての「ありたい姿」のためには鉄軌道が必要不可欠である一方、鉄軌道を整備・運営しても赤字化する公算が高いことが問題であった。CFKは、従来の考え方ではなく、鉄道の自動運転などの技術開発によるコスト圧縮や、公設型上下分離方式による特例制度の導入など、未来の鉄軌道事業の「あるべき姿」を先取りし、将来は黒字化も可能であると結論づけた。

社員の幸福度を最大化する取り組みを事業に生かす

CFKが大切にしているのは2022年から2024年までの「中期経営計画」でも掲げられている「他者と一線を画し、真に求められる技術者集団、価値創造企業を目指す」こと。そのために「本質を極める」「集団的Well-being経営」といったビジョンを掲げている。社会はますます複雑になっており、地域の課題を技術力だけで解決するのは難しくなってきた。未来を先読みして課題そのものを設定する能力や問題発見能力が重要で、そのためには「ものごとの本質を捉える能力」が欠かせないからだ。

会社全体として社員の幸福度の最大化を目指す「集団的Well-being経営」では、若手・中堅の社員を中心とした「新たな価値創造を支える働き方とオフィス環境づくりタスクフォース」を立ち上げた。オフィス環境づくりとは無縁と思えるような社外ワークショップや社内実験などを通じて多くの社員を巻き込み、これまで表に出なかったアイデアが形になっている。地方に住みながら全国の仕事ができるなど働き方の選択肢を広げるための模索が続く。CFKは「集団的Well-being経営」を社内の働き方改革だけではなく、同社のコンサルティング事業に新たな価値を生む手法と考えている。同社のこうした取り組みは、新たな価値が求められる時代の中、成長の原動力になるに違いない。

わ｜が｜社｜を｜語｜る

常務取締役　経営企画本部長
白水 靖郎氏

「やりたいことができる会社」－若手のチャレンジによる価値創造－

当社は「やりたいことができる会社」です。ホントなの？と思われるかもしれません。もちろん条件があります。

それは能動的に考えて行動すること。我々の職能は、行政やインフラ事業者から、まちやインフラに関する相談を受けて、調査・計画・設計などの技術的なコンサルティングを行うもの。いわば「受注産業」です。しかし、我々の真の発注者は、まちやインフラを利用する市民であり、ものを言わぬ自然であり、未来の子供達です。日頃から真の発注者のことを想い、専門家として「やりたいこと／やるべきこと」を能動的に考える「価値創造産業」を当社は目指しています。

このような取り組みについて、若手、ベテラン関係なく、当社は全力で後押しします。みなさんも一緒に「やりたいこと」にチャレンジしませんか？

会社 DATA

所在地：東京本社　東京都千代田区麹町二丁目10番地13
設立：1946（昭和21）年6月1日
代表者：兼塚　卓也
資本金：3億6百万円
売上高：131億7百万円（2022年4月期）
従業員数：508名（2022年5月1日現在）
事業内容：建設コンサルタント、測量、地質調査、補償コンサルタント、一級建築士事務所など
URL：https://www.cfk.co.jp/

株式会社Eプラン

人に優しく環境も守るスーパーアルカリイオン水で困り事を解決
――化学物質を含まず洗浄・除菌・防錆、家庭から業務用まであらゆるシーンで活躍

ここに注目!
自動車、食品、外食などの大手が続々採用、農業用や海外へも
家庭への普及へ子会社設立、家庭用生成機を開発しサブスクサービスも展開

Eプランは水素イオン濃度をpH12.5以上と極限まで高めた強アルカリ電解水であるスーパーアルカリイオン水（SAIW）と、その生成装置を特許技術で開発、販売している。成分は99.83%の水と、0.17%の水酸化カリウムだけなので、赤ちゃんの口に入っても安全・安心にもかかわらず、水回りの汚れや換気扇の油汚れを分解・洗浄するほか、農薬などの除去も可能だ。多くの食中毒菌や各種ウイルスは約30秒で除菌、不活化できる。また、においの原因となる雑菌を死滅させるので、生ごみなどの腐敗臭や汗、トイレ、ペット、化学物質系の気になるにおいを消臭する。さらに酸化を抑えるので、食品の鮮度も保持でき、電解質に塩化物を使わないので防錆び効果もある。松澤民男社長は「合成界面活性剤で地球を100年かけて汚した。これからの子供たちのために、それを100年かけて戻したい」と、スーパーアルカリイオン水に期待をかける。

日本電解水協会の正会員に、大学とは工業・農業分野の活用へ産学協同研究

松澤社長は同社を設立する前、洗車機・洗浄機メーカーに勤めていた。1997年12月、温室効果ガス削減に向けた国際的な枠組みである京都議定書が採択されたのを機に、「地球環境問題の解決に貢献したい。水でできないか」と考えた。「旭硝子（現AGC）の人たちに教えていただき、試行錯誤しながらSAIWが完成に近づいたとき、これを進めるには独立するしかない」と判断し、2003年11月、定年を前にした57歳の時に、当時の同僚4人と設立したのがEプランだ。

「最初は知名度もなく、大変だった」が、環境クリーニング機器販売の上場企業からショップチャンネルを紹介され、販売に弾みがついた。それ以降、洗浄機などを開発し、製品を増やしていった。その上場企業はいま、SAIW生成装置を年に約1000台販売する主力取引先となっている。

洗浄力が強いうえ、酸を出さず錆びないことから、大手自動車メーカーの各工場に採用された。次亜塩素酸水も除菌力、消臭力を持つ点は同じだが、SAIWは酸化を抑え、鮮度を長持ちさせる効果がある。そのため、大手コンビニチェーンが総菜や野菜の洗浄向けに採用した。大手外食チェーンでも首都圏店舗で採用が拡大している。

Eプランは22年、一般社団法人日本電解水協会の正会員とな

AR
再生

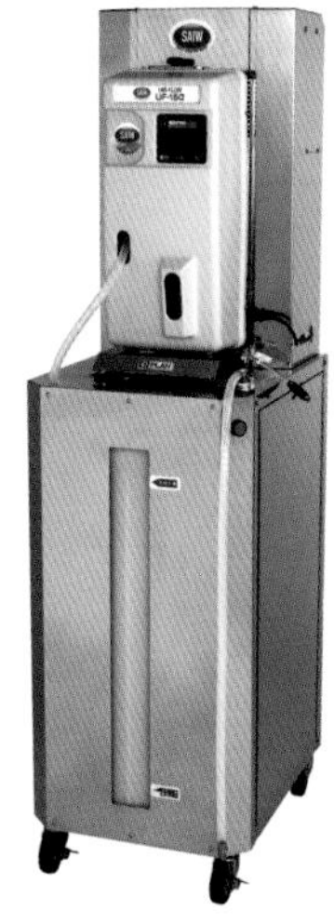

スーパーアルカリイオン水生成装置のスタンダードモデル。1時間あたり15リットルを連続生成、100リットルタンクに貯留する

スーパーアルカリイオン水の「e-WASH」シリーズを手に持つ22年入社の神山さん（写真左）と片岡さん

スーパーアルカリイオン水の家庭用生成機「e-hope」。これを利用したサブスクサービスも展開している

Eプラン本社（千葉県船橋市）

22年11月に開いた創立20周年記念パーティー

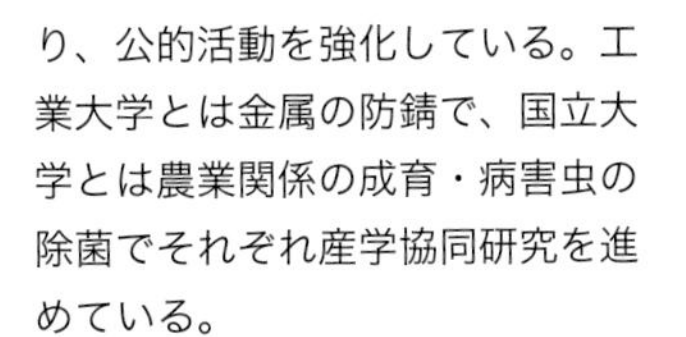

り、公的活動を強化している。工業大学とは金属の防錆で、国立大学とは農業関係の成育・病害虫の除菌でそれぞれ産学協同研究を進めている。

合成洗剤の使用量を減らすとともに、手荒れ・皮膚炎などの悩みも解決

Eプランは22年5月に子会社のEプランリテールを設立し、家庭への本格普及に乗り出した。水質汚染の原因となる合成洗剤の使用量を減らすとともに、手荒れ、オムツかぶれ、アトピー性皮膚炎、頭皮障害などの悩みを解決に導くためだ。そのために家庭用のSAIW生成機や無添加系石鹸を配合した「泡のe-WASH」を開発。生成機を持っている人が毎月定額、定量で周りの人に提供するサブスクリプションサービス「La Fuente Club」によって、生成機を持つ人は費用を補填でき、購入する人は安価に入手できる体制の構築を始めた。

Eプラン独自のSAIW(pH12.5)は「細菌や微生物は生存できない濃度でありながら、肌荒れしない」（松澤社長）。口に入っても問題はないし、10倍に薄めれば、うがいやマウスウオッシュもできる。しかも、換気扇などの油汚れは界面浸透、乳化・分離、剥離・分散の作用により分解・洗浄できるし、衣類の洗濯は洗剤なしでできるうえ、洗濯槽の除菌までできる。顔回りや全身のケア、靴の消臭、ペットのシャンプー、ブラッシング、ペット用品の除菌・消臭など用途は幅広い。

Eプランでは「水の勉強会」を常時開いて、社員の知識を高めている。全社員を対象に半年に一度は会社負担で会食を行っているほか、女子会なども行っている。出社・退社時間は柔軟に運用し、育休制度もある。22年6月には松澤社長の子息の松澤竜輔氏が専務に就任し、「次の世代に引き継ぐ」体制も整えた。「人の健康と地球環境を守るための新しい洗浄水を多くの方に使っていただきたい」という松澤社長の思いを全社員が共有し、自社の商品に絶対的な自信を持っていることが明るく楽しい社風を生み出している。

わ｜が｜社｜を｜語｜る

代表取締役社長
松澤 民男氏

人の健康と地球環境を守るための活躍の場は無限に

SAIWはあらゆる業界で使えます。農業の土壌改良や衛生対策向けに中国には300台くらい販売していますし、米国やタイでもテストを行っています。また、アフリカのガーナでは、金の違法採取のために使われた水銀を遠心分離で取り除く技術でジェトロ（日本貿易振興機構）のミッションに参加しました。安心できる飲料水を提供するために協力しようとしているところです。

人の健康と地球環境を守るために、SAIWを通じて社会貢献しようという志のある人は、ぜひEプランで一緒に働きませんか。SAIWの生成機があれば世界中どこでもつくれますし、同じ性能の製品を提供できます。活躍の場は世界中に広がっています。環境問題に関心のある業界や農薬を削減する農業にも貢献できます。家庭用では、あきらめていた肌荒れなどを解決し、健康な暮らしを実現できます。Eプランは夢を共有できる会社です。

会社 DATA

所在地：千葉県船橋市高瀬町31－6
設立：2003（平成15）年11月7日
代表者：松澤　民男
資本金：1,000万円
売上高：7億5,000万円（2023年3月期）
従業員数：32名（2023年3月末時点）
事業内容：スーパーアルカリイオン水（SAIW）の生成およびSAIW生成装置、洗浄機、廃水浄化再生装置などの開発・販売
URL：https://www.eplan.co.jp/

左記のQRコードを読み込んで「COCOAR」アプリ(無料アプリ)をインストールした後、アプリを起動し、画像にかざしてスキャンすると関連動画がご覧いただけます。
●有効期限：2023年6月1日より2年間

株式会社ハチオウ

化学系廃棄物の処理という“一番後ろの最先端技術”を担う
――実験廃液や薬品を安全に処理できる専門企業

ここに注目!
少量多品種な化学系廃棄物の処理ができる高度な分析力、技術力
事故予防と適正な処理を目的とした化学系廃棄物の発生源管理(CRMS)

環境省がまとめた『産業廃棄物排出・処理状況調査報告書(令和3年度速報値)』等によると、わが国では年間3億7,340万トンの産業廃棄物を排出。その中には化学薬品や廃液、感染性廃棄物など、有害で危険な産業廃棄物が1,690万トンも含まれる。産業廃棄物の処理・リサイクルを手掛ける株式会社ハチオウは、廃棄物処理によって社会や企業を陰から支える貴重な存在だ。なかでも、化学系の廃棄物の処理に優れた実績があり、東京一円を中心に2,000社以上との取引がある。

社員約110名の半数近くが理系の大卒

化学系廃棄物とは、大学の研究室などから廃棄される薬品や実験廃液、工場などから出る工業廃液・有害汚泥などを指す。このような廃棄物の不用意な廃棄は、環境に与える影響が大きく、適切に処理しなければ汚染や事故を引き起こす原因となる。

だが、「モノの生産に技術が必要なのと同様に、廃棄物を安全に処理するためには廃棄物の特徴に応じた技術が必要となる」と森雅裕社長は語る。廃液から有害物質を取り除く無害化技術は、新しい産業領域。社会の発展を陰で支える最先端技術だ。例えば、工業の高度化に伴い多様な化学物質が用いられるに従い、より高度な廃棄物処理が求められる。それゆえ、「危険な廃液や薬品を安全に処理できるハチオウは、“一番後ろの最先端技術”を担う専門企業」(森氏)と言えるだろう。

なかでも、優れた分析力、技術力で安全に処理できるのが強みだ。同社には多種多様な企業から様々な化学系廃棄物が運び込まれるが、事前の情報と異なる成分の化学物質が混入してしまうケースがある。その混入は、処理作業中に想定外の化学反応を起こし、有毒ガスの発生や爆発炎上といった大事故に繋がりかねない。そうした「もしや…」に備えるリスク管理能力を同社は大切にし、事故やトラブルを想定した成分チェックを怠らない。また、ICP発光分析装置や蛍光X線分析装置などを用い、人の目では判別できない成分も慎重に調査。その上で、現場の技術者が薬品や廃液の特性や反応に応じて中和や脱水などの適切な処理を行い、無害化を実現している。多種多様な化学物質を見分け、適切に処理する高度な分析

同社に持ち込まれる種々雑多な廃棄薬品

工場に持ち込まれた廃液に異常がないか現場でチェック

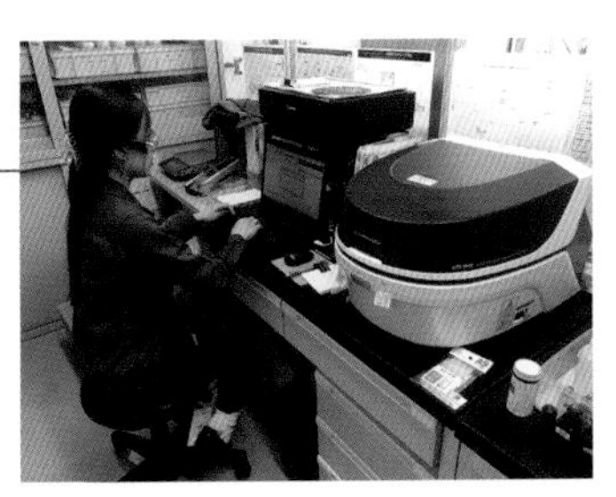

事前のサンプル分析や処理前、処理後の機器分析

CRMSのメンバー：大学で廃棄物の発生源管理を担当

福島の帰還困難区域での廃棄物処理作業

力、技術力を持つ同社。他業者には真似ができない領域だ。同社の分析力、技術力の高さの背景には、社員110名のうち、理系の大卒・院卒が47名を占めていることにある。

化学系廃棄物による事故を防ぐ誇りある仕事

同社では適性処理と化学系廃棄物に起因する事故を未然に防ぐため、薬品や実験廃液などを排出する企業や大学の現場に常駐し、廃棄物の安全な管理をサポートする事業も行う。Chemical Risk Management Support（CRMS）と呼ばれ、化学系廃棄物の発生源管理をサポートする事業だ。

実験や研究過程から排出される薬品・実験廃液は少量かつ多品種で、安全な保管や管理体制の構築が難しい場合がある。そこで同社は、社員を企業や大学に派遣し、職員や学生と一緒になって化学系廃棄物の保管管理や法令上の手続き、廃棄方法の教育を含めた排出現場の管理をサポートしている。こうした中で、自社処理工場で蓄えた知識や経験が、他の産業・分野でも応用できる有益な知的財産にもなっているのだ。

他にも、2011年の東日本大震災で帰還困難区域に指定された福島県の工業団地では、住民の避難後も工場内に原材料となる化学薬品が危険な状態で残されたため、安全に処理する必要があった。その処理を任された同社は、有志の社員が実際に現場に入り、協力会社10社とともに、震災で破損した薬品タンクや、現場に散乱した薬品入りドラム缶などを無事に撤去・処理した。「日本の誰かがやらねばならない仕事。自ら手を挙げた社員達を心から誇りに思う」と森氏はその時を振り返る。

SDGsや循環型社会の実現が求められる中、同社の重要性はますます高まるだろう。

わ｜が｜社｜を｜語｜る

代表取締役社長
森　雅裕氏

化学物資の恩恵が、持続可能な社会と調和するために挑戦し続けます

化学物質は、様々な分野での研究開発や製造の過程で欠かせません。産業の発展と豊かな社会の実現に役立っています。そして、その進歩とともに化学系廃棄物の内容も変わります。

スマホの無い生活、パソコンや通信機器の無い社会、エアコンや冷蔵庫の無い住居、医療や医薬品の無い社会は、想像し難いと思います。これらが私達に与えてくれている恩恵に感謝すると共に、循環型社会形成と化学物質コントロールが同時に実現する社会について考え、将来の世代が抱えるであろう負担の軽減に繋がる現実処理に取り組みます。

志ある人が、現場の経験を積み重ね、一歩ずつ着実に成長し、社会の課題を一つ一つ解決することで、一人一人が自分の花を咲かせてゆけるよう、その土壌を育てます。

そして、未来に向けた架け橋の為に、小さな技術・サービスでも愛情をもって挑戦してゆきます。

会社 DATA

所在地：東京都八王子市四谷町1927-2
創業：1972（昭和47）年2月
代表者：森 雅裕
資本金：3,000万円
従業員数：110名
事業内容：環境保全関連のコンサルティング業務、産業廃棄物・特別管理産業廃棄物などの収集運搬・中間処理業務、フロン回収・処理業務、リサイクル業務など
URL：https://www.8080.co.jp/

メタウォーター株式会社

なくてはならない水・環境インフラのサステナビリティを目指して
――先進の機械技術と電気技術、運転・維持管理ノウハウ、ICTで山積する課題を解決

ここに注目!
国内上下水道におけるPPP（公民連携）事業での圧倒的な実績と、海外事業の成長性
先進的な働き方改革の取り組みで、「働きたい会社No.1」を目指す

これほどまでに、事業そのものが社会貢献である企業は珍しい。水道や下水道、資源リサイクルといった水・環境インフラを支えるメタウォーターだ。浄水場や下水処理場、資源リサイクル施設の設計・建設（EPC）、運転・維持管理（O&M）で多くの実績を誇る。国内では、人口減少による財政難や人材不足に加え施設・設備の老朽化が顕在化し、世界では、人口増加や気候変動による水不足が深刻化している。同社はこうした課題を解決し、水・環境インフラのサステナビリティを目指している。

水・環境インフラの課題解決を通じて社会に貢献する企業であればこそ、サステナブルな社会に対する思いは揺るぎない。2022年にサステナビリティに関する基本方針を定め、水環境や循環型社会、温室効果ガスの排出削減、地域社会など、6つの重要課題（マテリアリティ）を掲げた。「サステナブルな社会の実現に向けた取り組みは、当社の一丁目一番地」（山口賢二社長）として、岩手県大船渡市では下水処理場の未利用地を生かして魚と植物を同時に育てる次世代農業「アクアポニックス」をスタートするなど、新たな取り組みにも積極的だ。

新開発のオゾンシステムを相次ぎ受注

2008年の会社設立以来、全国の上下水道施設・設備を手掛け、その数は実に2,000カ所以上、サービス対象となる人口は約6,000万人に及ぶ。トップクラスのポジションを可能にしているのが、機械技術と電気技術、施設・設備の運転・維持管理ノウハウにICTを併せ持つというユニークな強みだ。一例をあげると、水道水の臭いや色などを取り除くオゾン発生装置は多くの納入実績を持ち、「ミネラルウォーターに匹敵するほどおいしい水道水」と評される東京都の浄水場にも採用されている。最近では茨城県と民間企業から、オゾンに過酸化水素を組み合わせた新開発の「オゾン・促進酸化処理（AOP）システム」を相次ぎ受注した。その他にも、水道分野では処理能力をアップした「高度浄水セラミック膜ろ過システム」、下水道分野では圧倒的な省電力で下水汚泥を焼却する「流動タービン」など、数々のナンバーワン製品を開発し続けている。

EPCとO&M事業をベースに着実に成長を遂げる一方、成長戦略も明確だ。まずは、これまで自治体が手掛けてきた上下水道事業を自治体と民間企業が連携して行うPPP事業の拡大だ。すでに同社は、国内上下水道におけるPPP事業の約半数に携わっているが、注目されるのが、2022年4月に

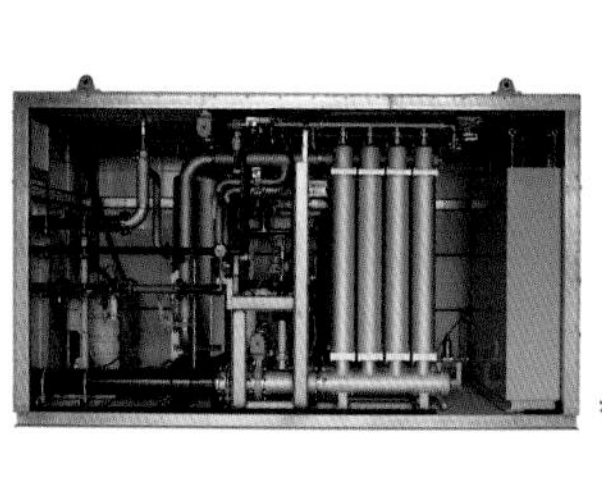

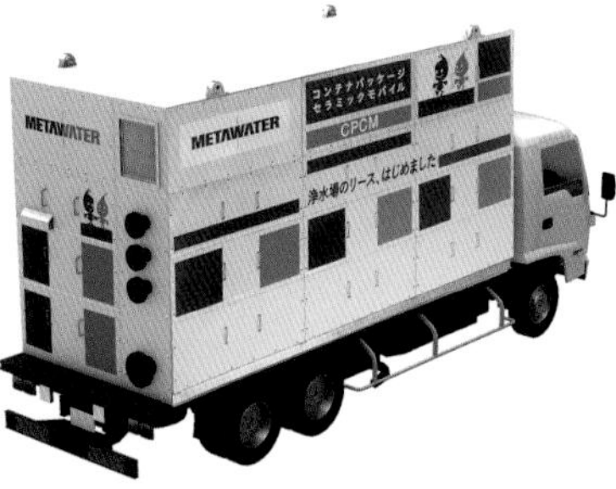

セラミック膜ろ過システムの特徴を生かしコンパクトにパッケージ化した浄水設備

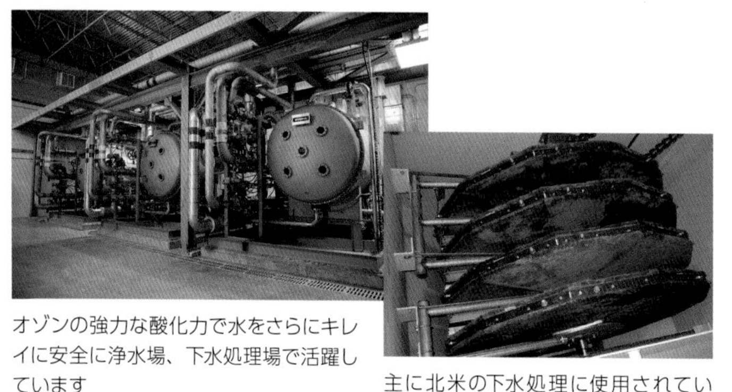

オゾンの強力な酸化力で水をさらにキレイに安全に浄水場、下水処理場で活躍しています

主に北米の下水処理に使用されている、Aqua-Aerobic Systems社の主力製品「クロスメディアフィルター」

アクアポニックス事業を開始
株式会社テツゲンメタウォーターアクアアグリ「アクアポニックスパークおおふなと」（岩手県大船渡市）

プラントエンジニアリング事業本部 岡村さん

ABWを採用した西日本事務所（大阪市）

事業を開始した「宮城県上工下水一体官民連携運営事業」だ。この事業は、同社を代表企業とする特定的目的会社（SPC）が水道、下水道、工業用水道を一体的に長期運営する国内初の取り組みで、水道事業においては、施設を自治体が保有したまま事業の運営権を民間企業に設定する国内初のコンセッション方式となる。

もう一つが、海外事業の拡大。これまで、セラミック膜やオゾン発生装置などの独自製品をパートナー企業などを通じて欧米中心に展開してきたが、2016年の米国Aqua-Aerobic Systems, Incを皮切りに、欧米の水処理企業４社がグループ企業の仲間入りをした。世界的な水不足や環境規制の厳格化を背景に、これら企業それぞれの独自製品の販売が好調に推移している。

週休３日制など働き方改革の先駆け

一方、働きたい会社ナンバーワンを目指している同社の働き方改革は、2019年に導入した週休３日制など他社に先駆けて取り組む姿勢が際立つ。業務や目的に応じて働く場所を選択するABWの採用やサテライトオフィスの拡充、単身赴任者の段階的解除など場所にとらわれない働き方を推進。2023年４月には、遠隔地勤務制度、副業制度を導入するなど、一人一人の価値観や働き方に合わせた多様なワークスタイルを支える職場環境の整備を進めている。

こうした取り組みもあり、入社３年以内の離職率は4％と低い。2017年入社したプラントエンジニアリング事業本部 首都圏電機技術部の岡村氏は、「化学と電気を専攻していたこともあり、両方を生かせるメタウォーターに入社した。水インフラの仕事をする中で機械と電気を１社で完結して対応できる点が魅力。年齢に関係なく、様々な仕事に挑戦できる社風もある」とか。まさに水・環境インフラを通じて社会に貢献しているという自覚と、誰もがチャレンジできる環境が、若い社員の大きな力になっている。

|わ|が|社|を|語|る|

代表取締役社長
山口 賢二氏

ライフライン を「守り続ける」というシゴト

当社が携わる水道や下水道は、人々の生活に欠かせないライフライン です。それは、コロナ禍により、公衆衛生の要として改めて認識、評価されました。

その一方で、国内では人口減少に伴う 財政難や人手不足により、持続の危機 に直面し、海外では水不足や環境汚染がますます深刻化しています。

当社は、これらの社会的な課題を、強みである機械技術、電気技術、施設・設備の運転・維持管理ノウハウ、ICTで解決し、このライフライン を次世代のために守り続けなければなりません。

そのためには、これまでにない「何か」が必要です。その「何か」を見出し、実行するために、皆さんのしなやかな発想力、行動力をメタウォーターで思う存分発揮しませんか。

会社 DATA

所　在　地：東京都千代田区神田須田町一丁目25番地　JR神田万世橋ビル
設　　　立：2008年4月1日
代　表　者：山口 賢二
資　本　金：119億4,600万円（東証プライム上場）
従 業 員 数：3565人（連結・2023年3月31日現在）
事 業 内 容：浄水場・下水処理場・ごみ処理施設向け設備などの設計・建設、各種機器類の設計・製造・販売、補修工事、運転管理などの各種サービスの提供
U　R　L：https://www.metawater.co.jp/

掲載企業 46 社エリア別（地名の 50 音別）

モノづくり　IT・ソリューション　医療・医薬・化学　商社・サービス　建設・建材・住設　環境・社会インフラ

東京都

■スーパーレジン工業株式会社【稲城市】
■株式会社大橋製作所【大田区】
■トーヨーカネツ株式会社【江東区】
■プログレス・テクノロジーズ株式会社【江東区】
■株式会社アコーディア・ゴルフ【品川区】
■佐川グローバルロジスティクス株式会社【品川区】
■ワッティー株式会社【品川区】
■英弘精機株式会社【渋谷区】
■株式会社アセンド【新宿区】
■グローバル電子株式会社【新宿区】
■テルモ株式会社【新宿区】
■東亜ディーケーケー株式会社【新宿区】
■株式会社東京鋲兼【墨田区】
■株式会社ハイオス【墨田区】
■アトムリビンテック株式会社【台東区】
■株式会社ディープコム【台東区】
■日本電計株式会社【台東区】
■新日本薬業株式会社【中央区】
■セイコーソリューションズ株式会社【中央区】
■株式会社ツガミ【中央区】
■株式会社フェローテックホールディングス【中央区】
■中央復建コンサルタンツ株式会社【千代田区】
■株式会社テクノコア【千代田区】
■メタウォーター株式会社【千代田区】
■株式会社テクノメイト【八王子市】
■株式会社ハチオウ【八王子市】
■株式会社フェア【東村山市】
■株式会社アタゴ【港区】
■アプライド マテリアルズ ジャパン株式会社【港区】
■株式会社アンテックス【港区】
■ウォンテッドリー株式会社【港区】
■エイムネクスト株式会社【港区】
■カヤバ株式会社【港区】

千葉県

■株式会社キヨシゲ【浦安市】
■サンコーテクノ株式会社【流山市】
■株式会社ミヤコシ【習志野市】
■株式会社 E プラン【船橋市】

神奈川県

■株式会社エヌエフホールディングス【横浜市港北区】
■明光電子株式会社【横浜市港北区】
■ Woyton Technologies 株式会社【横浜市中区】

埼玉県

■株式会社フジムラ製作所【川口市】
■梅田工業株式会社【行田市】
■株式会社朝日ラバー【さいたま市大宮区】
■株式会社三幸製作所【さいたま市西区】
■共同技研化学株式会社【所沢市】
■日東精密工業株式会社【寄居町】

INDEX

モノづくり　IT・ソリューション　医療・医薬・化学　商社・サービス　建設・建材・住設　環境・社会インフラ

（50 音順）

NDC 335

これから伸びる首都圏のカイシャ2023

2023年5月30日　初版1刷発行　　定価はカバーに表示してあります。

©編　者	日刊工業新聞社東日本支社	
発行者	井水治博	
発行所	日刊工業新聞社	〒103-8548 東京都中央区日本橋小網町14-1
	書籍編集部	電話 03-5644-7490
	販売・管理部	電話 03-5644-7410
	FAX	03-5644-7400
	振替口座	00190-2-186076
	URL	https://pub.nikkan.co.jp/
	e-mail	info@media.nikkan.co.jp

協力　日刊工業コミュニケーションズ
カバーデザイン　日刊工業コミュニケーションズ
印刷・製本　新日本印刷（株）

2023 Printed in Japan　落丁・乱丁本はお取り替えいたします。
ISBN　978-4-526-08282-5　C3034